Carl Claus

# Zur Kenntniss des Baues und der Entwicklung von

Branchipus Stagnalis und Apus Cancriformis

Carl Claus

**Zur Kenntniss des Baues und der Entwicklung von**
*Branchipus Stagnalis und Apus Cancriformis*

ISBN/EAN: 9783743647589

Hergestellt in Europa, USA, Kanada, Australien, Japan

Cover: Foto ©ninafisch / pixelio.de

Weitere Bücher finden Sie auf **www.hansebooks.com**

Zur

# Kenntniss des Baues und der Entwicklung

von

## Branchipus stagnalis und Apus cancriformis.

—

Von

### Dr. C. Claus.

Aus dem achtzehnten Bande der Abhandlungen der Königlichen Gesellschaft der Wissenschaften zu Göttingen.

Göttingen,
in der Dieterichschen Buchhandlung.
1873.

Die Entwicklungsgeschichte von Apus und Branchipus, die seit Zaddach's[1] bekannter Dissertation und seit Leydig's[2] Bemerkungen über Artemia salina und Branchipus stagnalis meines Wissens neuerdings nicht wieder zum Gegenstand eingehender Beobachtungen gemacht worden ist, schien mir noch manche werthvolle Aufschlüsse über den Bau und die Verwandtschaft der Entomostraken erwarten zu lassen und desshalb ein ergiebiges Feld für erneuete Untersuchungen abzugeben. In dieser Ueberzeugung habe ich die durch die Güte des Herrn Prof. v. Siebold in München und Dr. Brauer in Wien freundlichst dargebotene Gelegenheit, Apus- und Branchipuslarven aus eingetrocknetem Schlamme zu erziehen, freudig aufgegriffen und, wie die nachfolgenden Erörterungen zeigen werden, nicht ohne zu mehrfachen neuen Ergebnissen gelangt zu sein, die geeignet sind, das Bild von der Metamorphose wesentlich abzurunden.

## 1. Branchipus stagnalis. Mit Taf. I. bis V.

Ueber die Eierlage sowie über die Beschaffenheit der Eier und das Eiausschlüpfen der Larven hat bereits Bénédict Prevost[3] Mit-

---

1) Zaddach, De apodis cancriformis Schaeff. anatome et historia evolutionis. Dissertatio inauguralis zoolomica. Bonnae 1841.

2) Er. Leydig, Ueber Artemia salina und Branchipus stagnalis. Zeitschr. für wissensch. Zoologie Tom. III. 1851.

3) Jurine, histoire des Monocles. Genève 1820. Taf. 21, F. 1.

tirt, anfangs 2 dann 3 und 4 Querringe unter der Cuticula erscheinen lässt. An denselben entstehen sodann durch Wucherung der dem fötalen Hautblatte entsprechenden Zellenschicht zuerst zwei und wenn die Zahl der Segmentanlagen auf 5 und 6 gestiegen ist, drei und vier schwächere Paare von Querwülsten als erste Anlage von ebensoviel Gliedmassen. Auch an dem vorausgehenden Abschnitte bildet sich unterhalb der Mandibeln ein Segment, das am besten in seitlicher Lage unterhalb des freien Abschnittes der grossen Oberlippe erkannt wird und frühzeitig die Anlagen der beiden Maxillenpaare erzeugt.

Auf der Rückenseite des Vorderkörpers beobachtet man eine rundliche Randcontur, durch welche das ganze Integument schildförmig umsäumt wird. Dieselbe erhält sich unverändert in den spätern Stadien und erscheint dann frontalwärts vom Vorderkopf und rechts und links von den Seiten überwachsen als eine rundliche (Fig. 5' D P.) mit zunehmender Grösse des Thieres mehr und mehr zurücktretende Platte, die wir als Nackenschild bezeichnen wollen.

Bezüglich der innern Organisation erkennt man das zweilappige Gehirn nebst Schlundring und minder scharf die untere Gehirnportion. In der Basis des zweiten Gliedmassenpaares, das morphologisch der Ruderantenne der Cladoceren entspricht, tritt ein schleifenförmig gebogener feinkörniger Drüsenschlauch hervor, die Antennendrüse (A D), deren Ausmündung unterhalb des Kieferhakens nachweisbar ist. Durch die Oberlippe hindurch erstrecken sich 2 mächtige Längsmuskeln, zu denen an der Basis der Oberlippe noch Quermuskeln hinzukommen, erstere wirken nachweisbar als Levatores, letztere als Einschnürer und Herabzieher derselben. In der vordern freien Hälfte der Oberlippe liegt eine Gruppe von Zellen, welche durch den Besitz grosser Kernblasen ausgezeichnet die den Phyllopoden und wohl allen Crustaceen eigenthümlichen Lippendrüsen darstellen. Regelmässig unterscheidet man eine umfangreiche mediane Zelle, die in diesem Stadium schon 2 Kernblasen enthält, also wohl im Stadium der Theilung begriffen ist und rechts und links 2 kleinere Seitenzellen. Der Pigmentkörper des Auges liegt zwischen zwei hellen gelblichen Seitenzapfen, deren Zusammenhang mit dem subcuticularen Gewebe direkt nachgewiesen wird. Uebrigens ist das Auge keineswegs das einzige Sinnesorgan. Als solches fungirt vielmehr sowohl die vordere Gliedmasse, deren Innenraum mehrere spindelförmige in Nervenfäden auslaufende Ganglienzellen umschliesst, als auch ein paariger zu den Seiten des Auges gelegener subcuticularer Stirnzapfen, der als Verdickung der Hypodermis entstanden, mit zwei strangförmigen Ausläufern des Gehirns zusammenhängt. Rücksichtlich der Gliedmassen ist vor Allem die Ausbildung des Kieferfortsatzes am dritten Beinpaare zu einer feinbezahnten Mandibel hervorzuheben. Am ausgebuchteten Hinterrande des Abdomens erheben sich zu den Seiten der Afteröffnung 2 kleine warzenförmige Vorsprünge, die Anlagen der ersten Furcalborsten. Bei *Br. torvicornis* treten dieselben früher auf als bei *Br. stagnalis*, sodass Larven der erstern Art bereits 2 längere Furcaldornen besitzen zu einer Zeit, in welcher die Furcalerhebungen der letztern kaum sichtbar sind.

Von den wulstförmigen Extremitätenanlagen erweisen sich die beiden vordern Paare in Grösse und Entwicklung weit vorgeschrittener als die nachfolgenden. Wie sie zuerst als Wülste erkennbar sind, treten sie frei an der Bauchseite vor, wenn die folgenden noch unter der zarten Cuticula bedeckt liegen (Fig. 3), ein Umstand, der möglicherweise auf den Eintritt einer Häutung hinweist, mit welcher das 3te bis 5te Paar die Bedeutung freier Extremitätenstummel gewinnen. In diesem Falle würden wir vor der Häutung das erste Cyclopsstadium, nach derselben die Cyclops-Daphniden- und Cirripedienform der Segment- und Gliedmassenzahl nach wiederholt finden.

Die Vorgänge der Neubildungen, sowohl der Segmente und Gliedmassen als der innern Organe, lassen sich schon an den jüngern Formen dieses Entwicklungsstadiums, falls dieselben durch grössere Durchsichtigkeit der Beobachtung günstig sind, verfolgen. Schon an Formen, an denen ausser den Maxillarwülsten nur die vordern Paare von Fusshöckern äusserlich hervortreten, kann man die Bildungsweise der Segmente und Gliedmassen unter der Haut des Abdomens beobachten. Man überzeugt sich, dass es sich zunächst um die Anlage eines seitlichen und ventralen unter der Hypodermis gelagerten Blastems handelt, welches mit

2

der Streckung und Grössenzunahme des Hinterleibes sich continuirlich weiter nach hinten verlängernd eine von vorn nach hinten fortschreitende Gliederung und Differenzirung erfährt. Dieses Blastem ist eine Zellenwucherung an der Innenseite der *Hypodermis* und entspricht nach Lage und Bedeutung offenbar dem Keimstreifen des Arthropodenembryos. Freilich müssen die Bildungsvorgänge, welche sich an die Entstehung dieses Keimstreifens knüpfen, im Zusammenhang mit dem freien auf selbstständige Ernährung und Bewegung hingewiesenen Larvenlebens von denen des Embryonallebens in wesentlichen Punkten abweichen, wie wir solches bereits auch in dem Kreise der Wirbelthiere bei *Amphioxus*[1]) erfahren haben. In beiden Fällen sind die grossen Differenzen der Entwicklung von dem frühzeitigen Bedürfniss der selbstständigen Ernährung abzuleiten. Gehen wir von der einschichtigen Keimblase als der verbreitetsten Form der primitiven Embryonalanlage aus, so sehen wir an dieser (sei es durch Einstülpung, Faltenbildung oder Abhebung entstanden) ein 2tes Blatt oder Darmdrüsenblatt zur Zellbegrenzung der Verdauungshöhle hinzugetreten und vor Auftreten des *Primitivstreifens* funktionsfähig. Dieser entsteht in beiden Fällen von der obern Zellenschicht der Keimblase aus in Verbindung mit einem zur Sonderung gelangenden Mittelblatte, welches bei den Insekten erst durch Abhebung einer untern dem Dotter aufliegenden Zellschicht das Darmdrüsenblatt hervorgehn lässt (Kowalevski). An unsern Larven vollzieht sich die Sonderung der das Gangliensystem erzeugenden Medullarplatte direkt an dem medianen Theil der vom Aussenblatt — nicht durch Faltenbildung[3]), son-

---

1) Kowalevski. Entwicklungsgeschichte des Amphioxus lanceolatus. Memoires de l'academie impériale des sciences de St. Petersbourg. VII. serie 1867.

2) Derselbe. Embryologische Studien an Würmern und Insekten. Ebend. 1871.

3) Mir scheint die Entstehung neuer Zellenschichten oder Keimblätter auf dem Wege der Faltenbildung (Umwachsung und Einwachsung) und Abhebung durch Spaltung nicht so fundamental verschieden, dass man nicht beide in Verbindung bringen könnte als abhängig von einer Verschiedenheit des Wachsthums und der Zelltheilung. Diese ist möglicherweise im erstern Falle mehr lokalisirt und auf Einschiebung und Zwischenlagerung der neugebildeten Elemente beschränkt, im letztern auf die ganze

dem Abhebung einer Zellschicht — gesonderten Mittelblatt; bei den Insekten (*Hydrophilus*) ist die Entstehung der Medullarplatte erst nach
Bildung des untern Blattes an eine neue mediane Differenzirung des
äussern Blattes geknüpft.

Wenn die Zahl der Segmente auf 5 gestiegen ist so ist der Hin-
terkörper beinahe doppelt so lang als der vordere den Kopf reprä-
sentirende Leibesabschnitt, und die Anlagen der Kiefer wie der beiden ersten Beinpaare treten deutlich hervor. Man sieht dann das
sechste Segment in Form eines ziemlich breiten Querbandes angelegt,
an welchem unterhalb der zarten Hypodermis zwei Reihen grosser rundlicher Zellen liegen. Diese gehören aber als unteres Blatt dem Keimstreifen an, der allmählig von vorn nach hinten weiterwachsend an der
Seite des Körpers auf dem natürlichen Querschnitt in Form ansehnlicher
nach den Segmenten geordneter Verdickungen des Hautblattes erkannt
wird. In diesen Zellen, welche sich auch über den hintern noch nicht
segmentirten Theil des Abdomens ausbreiten und rechts und links eine
Strecke weit auf die Rückenseite ausdehnen, liegt das *Material für die
Bildung der Extremitäten, ihrer Muskulatur und Nerven, der Ganglien, der
Bauch- und Rückenmuskulatur, sowie des Herzens.* Sie begrenzen nach
innen die Leibeshöhle, in der sich bereits Blutkörper langsam fortbe-
wegen. Am Darmkanal hebt sich die Sonderung des Rectums mit der
Klärung der Gewebe schärfer hervor, indem der Endabschnitt (ED) an
der Körperwand durch vier Paare von Quermuskelgruppen fixirt. durch
die Stärke des Ringmuskelbelages und der mittelst dieser Muskeln aus-
geführten Contraktionen abweicht. Derselben entgegengesetzt wirken die
queren Muskelbündel als Erweiterer des Darmlumens und der Afterspalte.

Der Entstehung nach sind es einfache, quer zwischen Darm- und
Körperwand ausgespannte Spindelzellen, die an beiden Enden in mehrere Ausläufer sich spalten. Uebrigens sind diese jüngsten Stadien
wegen des Körnchenreichthums der Gewebe noch wenig geeignet, um

---

Fläche ausgedehnt und eine Quertheilung ohne Einschiebung neuer Elemente in die
Continuität der primären Zellenlage.

die wahren die Segmente des Keimstreifens betreffenden Bildungsvorgänge
verfolgen zu lassen. Dagegen sind hierzu etwas weiter vorgeschrittene Larven tauglich, an deren Körper wenigstens die drei vordern Segmente des
Abdomens als wulstförmige Erhebungen vorspringen und bereits das 7te
und 8te Segment als Querreihen von Zellen am Keimstreifen hervortreten.
Während hier die Anlage des 8ten Segmentes wiederum aus zwei Reihen grosser Zellen besteht, welche unterhalb des Hautblattes liegen, sind
die Zellen des zweiten Blattes der vorausgehenden Segmente kleiner und
zahlreicher und wachsen bereits in der Medianlinie rechts und links aus
einander. Das ist nachweisbar der Vorgang, durch welchen aus dem
Segment des Keimstreifens die zwei medianwärts getrennten Keimwülste hervorgehn.

In diesem Stadium, dessen Abdomen (*Br. torvicornis*) auf Fig. 3
in halbschräger Lage von der Rückseite aus dargestellt worden ist, beobachten wir oberhalb des Darmes bereits die Anlage des Herzens (c.)
Dasselbe erstreckt sich als zartes Rohr durch die drei vordern Segmente
des Leibes, um im Kiefersegmente mit erweiterter Mündung zu enden.
Noch unvollständig erscheint die Anlage der 4ten und 5ten Kammer, von denen die letztere mit dem Rückentheil des Keimstreifens durch eine Quer-
brücke verbunden ist. An diesen noch unvollständig gebildeten Abtheilun-
gen des Herzens nimmt man nur die Seitenstücke als verdickte aus
Zellen gebildete Stränge wahr und überzeugt sich durch das Verhalten
des nachfolgenden Segmentes, dass die beiden seitlichen Hälften der
Kammeranlage nichts sind als die dorsalen Randwülste des Keimstreifens, welche continuirlich am zweiten Blatte zur Abgliederung gelangen.
Die an dieselben angrenzende Partie der Keimstreifensegmente aber dif-
ferenzirt sich in die Längsmuskulatur des Rückens und erscheint nach
der Ablösung der Kammerabschnitte des Herzens in scharfer Linie abgegrenzt. Freilich scheint es auf den ersten Blick schwer zu begreifen,
wie aus zwei seitlichen je etwa aus vier Zellen gebildeten Strängen eine
Röhre wird, indessen geben etwas ältere Larven wie wir sehen werden
über diesen Process ausreichende und sichere Auskunft. Pulsationen
beobachtet man am Herzen noch nicht, wohl aber treten bereits Blut-

körperchen, die jetzt schon am Bauche und an den Seiten abwärts und oberhalb des Darms aufwärts steigen, durch das Lumen der vordern Herzröhre hindurch. An der Bauchseite haben sich an den vordern Keimwülsten bereits die Anlagen von Extremitätenhöckern gesondert, von denen die zwei bis drei vordern eine Spaltung in je zwei Querabschnitte erkennen lassen, Vor denselben erheben sich unterhalb der Mandibeln an dem Kiefersegmente die Anlagen der grossen Maxillen des ersten Paares und der kleinen Kieferstummel des zweiten Paares. Aber auch die Ganglien der Bauchkette sind an den erwähnten Segmenten sichtbar und zwar nicht nur für die zwei bis drei vordern Beine, sondern auch jedes Maxillarsegment besitzt sein besonderes wenn auch kleines Ganglienpaar. *Die beiden Maxillarganglienpaare* (Fig. 5′″ Mg′, Mg″) *erhalten sich auch in den spätern Larvenstadien selbstständig*, und verschmelzen nicht etwa mit den Ganglien des Mandibelsegmentes zu einer gemeinsamen untern Schlundganglienmasse, wie man dies a priori erwarten sollte. Um zu erkennen, wie und aus welchen Theilen der Keimwülste die Ganglien ihren Ursprung nehmen, sind wiederum etwas vorgeschrittenere Larven geeigneter, doch überzeugt man sich schon jetzt für die Ganglien der vordern Segmente, dass es die mediane und innere Zellenmasse der Keimwülste ist, welche gewissermassen als Medullarplatte das Ganglion liefert, während die angrenzende Schicht ein Segment der Längsmuskulatur des Bauches, die übrigbleibende nach aussen vorspringende Zellenmasse dagegen die Extremität und deren Muskulatur erzeugt. Ich habe diese Bildungsvorgänge sowohl an den Larven von *Br. torvicornis* als an denen von *Br. stagnalis* verfolgt. An den letztern Larven (Fig. 4 und Fig 4′) treten auch schon das 6te und 7te Segment in sanften Wölbungen hervor, während sich die Terminalborste der entstehenden Furca noch auf eine warzenförmige Erhebung beschränkt. Auch hier ist die Seitenwand der 6ten Kammer im Begriffe sich vom dorsalen Rand des Keimwulstsegmentes loszulösen, an der Bauchseite aber schon die Anlage eines 4ten Ganglienpaares bemerkbar.

Am Darmkanal tritt nicht nur die Sonderung des gestreckter erscheinenden Enddarms mit seinem kräftigen Muskelbelag schärfer hervor, sondern man bemerkt auch am vordern Abschnitt zwei seitliche jetzt noch ziemlich flache Auftreibungen als erste Anlage der sogenannten Leberschläuche. Dieselben sind durch Fäden am Integument der Stirn dorsalwärts befestigt und durch aufliegende Muskeln der Wandung zu Contraktionen befähigt.

Aeltere Larven von circa $3/4$ bis 1 Mm. Länge (Fig. 5) sind nach Abstreifung der Haut in ein neues Stadium der Entwicklung eingetreten. Die beiden vordern Beinpaare erscheinen jetzt bereits vierlappig (Fig. 5‴ $p^1$ und $p^2$), jedoch noch ohne äusseren Borstenbesatz. An dem Keimstreifen ist das 10te, beziehungsweise 11te Segment als Doppelreihe von Zellen zur Sonderung gelangt. Herz und Bauchganglienkette (Fig. 5) haben sich ebenfalls über ein Segment weiter nach hinten fortgebildet; an ersterem schnürt sich die Anlage zur 7ten Kammer vom Rückentheil des Keimstreifens ab (Fig. 5, $c^7$). Pulsationen des Herzens beobachtet man noch nicht. Als Anlage des paarigen Auges (Fig. 5‴ $o^1$) erhebt sich an den Seiten des Kopfes ein ansehnlicher Zellenwulst, dessen untere Spitze mit einem seitlichen Nebenganglion des Gehirns direkt verschmolzen ist. An der Verbindungsstelle entsteht eine Anhäufung von Pigmentmolekülen, welche sich mit dem fortschreitenden Wachsthum der Larve vergrössert.

An Larven von etwas über 1 Mm. Länge (Fig. 6 u. $6^1$) beobachtet man bereits einige Krystallkegel in dem kegelförmigen Pigmentkörper des paarigen Auges. Auch ein 5tes Beinpaar hebt sich als zweilappiger Zapfen ab. Dann folgen zwei bis drei (6tes bis 8tes Segment) seitlich vorgewölbte Segmente, das 9te und 10te Segment sind bereits durch Querconturen abgegrenzt, und zu dem 11ten und 12ten erscheinen die Anlagen als quere Zellreihen von dem bis in Furcalgegend reichenden Primitivstreifen abgehoben (Fig. 6′ $s^{12}$).

Zugleich erscheint die Differenzirung der vordern Beinpaare vorgeschritten; nicht nur dass sich die Zahl der kurzen mittlern Lappen vermehrt hat und der Rand wenigstens des ersten Beinpaares von kurzen Borsten umsäumt wird, auch an der Rückenseite sind Rudimente des Kiemensäckchens und der basalen Fächerplatte hervorgewachsen. Somit

werden schon sämmtliche Hauptabschnitte des spätern Branchipusbeines unterschieden, während das dritte und vierte Beinpaar noch vierlappig sind.
Die Ganglien der Bauchkette kann man deutlich bis zum 5ten Beinpaare verfolgen; das nunmehr lebhaft pulsirende Herz besteht aus 7 bis 8
Kammern, zu denen noch in continuirlicher Abstufung der Ausbildung
die Anlagen der 9ten und 10ten Kammer hinzukommen. Bereits früher wurde hervorgehoben, dass die Kammern des Herzens aus den dorsalen Endstücken des Primitivstreifens und somit aus paarigen ursprüng-
lich getrennten Elementen ihren Ursprung nehmen. Die Art und Weise
dieser Entstehung, die a priori gerade nicht als die einfachste erscheint,
der sich sogar mancherlei Bedenken entgegenhalten lassen, wird aber an Larven unserer Entwicklungsstufe durch Vergleichung der letzten unvollständi-
gen Kammer mit den nachfolgenden Kammeranlagen über allen Zweifel
klar. Im 11ten Segmente auf den verdickten Dorsalrand des Primitivstreifens reducirt, hat sich die Kammeranlage (Fig. 6″ c¹⁰) des 10ten Segmentes
als ein aus 4 bis 5 Zellen gebildeter Streifen bereits abgehoben, während die
des 9ten (c⁹) medianwärts merklich genähert erscheint. Im 8ten Segmente
sind die entsprechenden Stücke in der Mittellinie fast zusammengerückt,
während an ihren Seiten der Zusammenhang mit dem Integument ihrer
Ursprungsstelle und der aus den zunächstliegenden Segmenten des Keimstreifens gebildeten Rückenmuskulatur durch zarte Stränge zum Theil
muskulöser Natur erhalten bleibt. An ihrem hintern Rande weit ab-
stehend begrenzen sie die Seiten eines engen Rohres, welches hinten
weit geöffnet, vorn direkt in das hinter Ostium der vorausgehenden Kammer einführt. Zu den Seiten dieses letztern ist freilich die Verschmel-
zung beider Kammern eine unvollständige, indem die beiden arteriellen
Ostien der rechten und linken Seite als Spalten zurückgeblieben sind.
Während die 7te Kammer noch sehr eng erscheint, ist die vorausge-
hende mehrfach erweitert und wie die der vordern Segmente durch zwei
seitliche in das Lumen vorspringende Zellreihen ausgezeichnet, welche
auf die Entstehungsweise aus paarigen Abschnitten zurückweisen. Nach
den mitgetheilten Beobachtungen dürfte sich 'mit Sicherheit ergeben, dass
die paarigen Zellstreifen allmählig von rechts und links nach der Mit-

tellinie zusammenrücken und hier zu einem engen Rohre verschmelzen, sei es nun, dass sie einen anfangs soliden oder gleich von vornherein einen von engem Hohlraume durchsetzten Strang darstellen. Allmählig erweitert sich dann mit eintretender Thätigkeit der Wandung das Lumen der so gebildeten Kammer. Auch die oben bereits beschriebene Sonderung der Keimstreifensegmente als zwei Zellenreihen lässt sich gerade in dem vorliegenden Stadium am schönsten und deutlichsten verfolgen (Fig. $G^1$ $S^{11}$ und $S^{12}$).

Dem Eintritt in das nachfolgende Stadium (Fig. 7) geht eine Häutung voraus, mit der sich die Larve etwa um 0,2 Mm. verlängert. Nunmehr tritt der Borstenbesatz auch am 2ten Beinpaare äusserlich frei hervor, auch das 5te Beinpaar zeigt bereits eine Quergliederung in mehrere Lappen, und hinter den freien und abgeschnürten Keimwülsten der drei nachfolgenden Segmente unterscheidet man acht bis neun Segmentanlagen, von denen die drei vordern schon schwach vorspringende Keimwülste bilden. Bis zu diesen lässt sich nunmehr die Differenzirung der Bauchganglienkette verfolgen. Das Herz reicht bis in das 9te Segment hinein, dessen Kammer noch sehr eng ist und sich hinten mit weitem Ostium öffnet. Die Breite des Stirntheils und Grösse des Seitenauges ist bedeutender geworden, die Furcalausbuchtung endet auch bei *Br. stagnalis* jederseits mit zwei Borsten.

Es würde zu weit führen und zu wenig Interesse bieten, wollte ich in der bisherigen Weise die zahlreichen ganz continuirlich in der Richtung von vorn nach hinten sich differenzirenden Larvenstufen einzeln vorführen; es wird genügen nur bei denjenigen Stadien länger zu verweilen, an welchen sich eine auffallendere Umgestaltung vollzieht. Larven von 1,5 Mm. Länge haben neun freie Segmente und sechs Gliedmassen, solche von 1,6 bis 1,7 Mm. zehn freie Segmente und sieben Gliedmassen, von denen die vier vordern an Grösse bedeutend hervortreten und alle Theile des ausgebildeten Phyllopodenfusses besitzen. Das 4te und 5te Beinpaar entbehren noch des Borstenbesatzes, das 7te zeigt beginnende Quergliederung, ein 8tes beziehungsweise 9tes Beinpaar ist in der Entstehung begriffen. Das 11te Körpersegment erscheint noch mit dem gemeinsamen Hinterleibsstück verbunden, in welchem wohl schon die sämmtlichen nachfolgenden Segmente als kurze quere Zellenreihen des Bauchstreifens nachweisbar sind. Die Ganglien lassen sich wenigstens bis zum 8ten, die Herzkammer bis in das 14te Segment verfolgen. Der Furcalabschnitt ist noch verhältnissmässig kurz, ausser den innern grössern und äussern kleinern Terminalborsten findet sich jederseits eine kurze Borste beziehungsweise noch die Anlage einer 2ten (Fig. 8). Von den Gliedmassen des Kopfes besitzen die Tastantennen etwa acht bis zehn feine mit Knöpfchen endigende Riechborsten, die jedoch in geringerer Anzahl auch schon jüngern Larven zugehören. Die Ruderantennen erscheinen der Grösse nach im Vergleich zu den jüngeren Larvenstadien reducirt, da sie nicht in gleichem Verhältniss mitwachsen, bezüglich des Baues sind sie jedoch noch ebenso unverändert wie der Taster der Mandibeln und die beiden nachher noch näher zu beschreibenden Maxillenpaare. Dagegen bereitet sich an dem verbreiterten und oberhalb des kreisförmig umschriebenen Rückenschildes hervorgewachsenen Stirntheil eine Veränderung vor, die Abschnürung nämlich des medianen Abschnitts, welcher das unpaare Auge und die frontalen beinahe linsenähnlich nach innen vorspringenden Sinnesorgane enthält, von den die paarigen Augen umfassenden Seitentheilen. Diese gestalten sich in den nachfolgenden Entwicklungsstadien zu den beweglichen Stilaugen und enthalten jetzt schon die Anlage eines quer ausgespannten als Herabzieher wirkenden Muskels.

Larven von 1,8 bis 1,9 Mm. Länge (Fig. 9) besitzen 8 Beinpaare, die 6 vorderen wohl entwickelt, mit sämmtlichen Theilen des Phyllopodenfusses und mit borstenbesetzten Rändern der Lappen. Das 7te Beinpaar ist dagegen erst vierlappig und das 8te nur zweilappig. Die Anlagen des 9ten und 10ten Paares stellen ganz einfache Wülste vor. Auch sind bereits an sämmtlichen Körperringen bis zum 18ten Segmente die seitlichen Tastborsten entwickelt und zwar bei *Br. torvicornis* weit stärker als bei der andern Art. Am Aussenrande der Furcalglieder erheben sich drei, am Innenrande ein bis zwei Seitenborsten.

Im nachfolgenden Stadium hat der Larvenkörper eine Länge von

2 Mm. erreicht (Fig. 10). Jetzt sind neun Fusspaare vorhanden, zu denen noch die Anlagen des 10ten und 11ten Fusses hinzukommen. Das 8te Fusspaar ist von sehr kurzen Borsten umsäumt und das 9te noch vierlappig. An dem merklich verlängerten Hinterleibe treten sämmtliche Segmente (12 bis 19) als kurze Querringe hervor, die hintern freilich unter einander nur undeutlich gesondert und auch vom Praefurcalsegment nicht scharf abgehoben. Dagegen zeigen die beiden vordern, die spätern Genitalsegmente, in ähnlicher Weise wie die vorausgehenden Ringe auf frühern Entwicklungsstufen Keimwülste, welche offenbar Fussanlagen gleichwerthig, wie diese medianwärts an der Innenseite Ganglienpaare zur Anlage bringen. Die Larve hat sich merklich gestreckt und von dem vorausgelagerten Praefurcalabschnitt, welcher die Quermuskelzüge zur Befestigung des Rectums umschliesst, schärfer abgesetzt. Am Vorderleib bereiten sich jetzt schon Veränderungen vor, welche auf eine baldige Metamorphose der Larve hinweisen. Insbesondere beginnt die Umgestaltung des 2ten Antennenpaares, dessen Borsten durch Verschrumpfung ihres Matricalgewebes auf ihre Cuticularhülle reducirt werden. Auch beginnt die Rückbildung der schleifenförmigen Antennendrüse, während dagegen die Schleifendrüse des Maxillarsegments eine mächtigere Ausdehnung und grössere Weite ihrer Gänge gewinnt. Das Herz erstreckt sich bis in das 18te Segment, doch sind seine hintern Kammern weder vollkommen ausgebildet noch zu Pulsationen befähigt. Auch die Anlagen der Geschlechtsorgane (gt.) erscheinen als zwei seitliche der Hypodermis dicht anliegende Zellstränge in den vier vordern Segmenten des Abdomens.

Wenn die Larve eine Länge von etwa 2,2 Mm. erreicht hat, so ist das 10te Fusspaar noch vierlappig und das 11te ein zweilappiger Stummel (Fig. 11). Sämmtliche Herzkammern sind jetzt vorhanden, die beiden hintern freilich noch unvollendet und nicht in Thätigkeit. Das Abdomen ist verhältnissmässig gedrungen, seine Segmente sind noch kurz und nicht sehr scharf abgesetzt. Die Larve hat an jeder Seite zwei neue Borstenstummel gebildet. Die Seitenabschnitte des Vorderkopfes (Fig. 11′) heben sich als Anlagen der spätern Stilaugen von dem vorspringenden

Frontalabschnitt schärfer als in frühern Stadien ab und werden bereits durch die Contraktionen des untern queren Augenmuskels (M') von Zeit zu Zeit wenn auch nur schwach herabgezogen. Mit dem weitern Wachsthum der Larve streckt sich vornehmlich das Abdomen, dessen Segmente sich bedeutend verlängern und schärfer von einander abheben. Gleichzeitig macht die Umgestaltung in die Form des Geschlechtsthieres weitere Fortschritte. Die Ruderborsten des 2ten Antennenpaares werden anfangs durch kurze griffelförmige Stummel ersetzt (Fig. 12), später ganz abgeworfen (Fig. 13). Mit diesem Verlust treten die schon vorher gebildeten Büschel zarter blasser Fäden an der sonst nackten Oberfläche deutlicher hervor, wie andererseits auch die veränderte Haltung der nach vorwärts umgeschlagenen Gliedmasse auf eine Veränderung des Gebrauches hinweist. Aus den zum Schwimmen und Rudern eingerichteten Extremitäten, welche bisher einen Hauptantheil an der Fortbewegung des Körpers nahm, wird nunmehr ein nach den Geschlechtern verschieden gestaltetes Tast- und Greiforgan (Fig. 14a, a' und Fig. 15), die schleifenförmige Drüse aber schrumpft schon vorher an der Basis des verkümmerten Kieferfortsatzes zu einer fettig degenerirten Körnchenmasse zusammen, deren Reste an grösseren der Ausbildung nahen Formen noch nachweisbar sind. Der Stirntheil des Vorderkopfes erhebt sich jetzt als bedeutender Vorsprung, der mit tiefer seitlicher Ausbuchtung nach den langen und beweglich abgesetzten Stilaugen abfällt. Auch wird der Kinnbackentaster rudimentar, erhält sich jedoch noch längere Zeit als ein mit kurzen Borsten besetzter Stummel. Die beiden letzten Beinpaare gewinnen gleichzeitig ihre volle Gliederung, während an den Genitalsegmenten noch keine nach den Geschlechtern verschiedene Abweichung bemerkbar ist.

In solcher Weise umgeformt finden wir die jungen Thiere, wenn sie eine Länge von 3 bis 3,2 Mm.[1]) erreicht haben, so dass wir diese

1) Es bedarf wohl keines ausdrücklichen Hinweises. dass sich die Grössenangaben auf in engen Behältern gezogene Individuen beziehen, welche an Grösse hinter denen im Freien aufwachsenden Formen einigermassen zurückbleiben.

3*

verhältnissmässig kleinen sexuell noch indifferenten Formen kaum noch Larven zu nennen berechtigt sind. Auch stimmt bereits die innere Organisation bis auf die noch unvollkommene Bildung der Sexualorgane mit den Geschlechtsthieren überein, bietet aber jetzt bei der geringen Grösse und bedeutenden Durchsichtigkeit der Gewebe für die Untersuchung grössere Vortheile.

So mag denn hier eine kurze Erörterung der Organisation von *Branchipus* angeschlossen werden, welche durch Hinzuziehung jüngerer Stadien ergänzt, in einigen Punkten, wie ich hoffe, die Anatomie von Branchipus vervollständigen wird. Leider war das Material an älteren und vorgeschrittenen Formen zu beschränkt, als dass ich hätte zu einem vollständigern Bilde von dem innern Bau gelangen können.

Bezüglich der Verdauungsorgane sehen wir die Mundöffnung von einer gestreckt-helmförmigen und durch Blutzufluss stark schwellbaren Oberlippe bedeckt, deren mit feinen Härchen besetztes Vorderende in einen mehr oder minder abgesetzten dreieckigen Lappen ausgezogen ist. Im Innern der Oberlippe beobachten wir nahe der Basis eine Anzahl reifenartig gruppirter Ringmuskeln, sowie zwei mächtige Längsmuskeln, welche sich weit nach vorn erstrecken und mit den erstern in Verbindung das freie Lippenende heben und senken. In diesem letztern liegen die grossen bereits früher erwähnten Drüsenzellen, deren Zahl mit dem Alter eine beträchtlichere wird. Der unterhalb und zu den Seiten der Mundöffnung gelagerte Kieferapparat besteht aus einem Paar Mandibeln und zwei Maxillenpaaren, von denen das vordere von Schäffer und auch noch von Leydig irrthümlich als gespaltene Unterlippe betrachtet worden ist. Grube[1]) und Klunziger[2]) hingegen unterscheiden und beschreiben die beiden vordern Maxillen vollkommen richtig, so dass ich auf die Angaben dieser Autoren verweisen kann. Nur die eine Bemerkung möchte ich beifügen, dass der schmälere Fortsatz

---

1) Grube, Bemerkungen über Phyllopoden. Berlin 1853.

2) Klunzinger, über Branchipus rubricaudatus. Zeitschr. für wiss. Zool. Tom. 17. pag. 27.

am hintern und äussern Rande des Grundblattes mit gutem Recht als eine *tasterähnliche Nebenlade* aufzufassen ist (Fig. 8' T.), welche von aussen nach innen gerichtete Bewegungen ausführt.

Der mit der Mundöffnung beginnende Oesophagus steigt als ein verhältnissmässig kurzes aber breites und mit kräftiger Muskelwandung ausgestattetes Rohr schräg aufwärts und wird unterhalb der medianen Ausbuchtung des Gehirns nahe seiner. Ausmündung in den Darm von zwei schräg von oben und aussen nach innen und unten gerichteten Muskelbündeln in seiner Lage befestigt, beziehungsweise aufwärts gezogen (Fig. 11' M). Der nun folgende Magendarm, dessen Struktur bereits von Leydig sehr genau und ausführlich dargestellt worden ist, bildet am Vorderrande seines obern Endes die beiden in ältern Stadien wiederum mehrfach ausgebuchteten sog. Lebersäckchen, deren Wandung mittelst schräg verlaufender Ringmuskeln lebhafte Contractionen ausführt, ihrem Baue nach aber von der Darmwandung nicht verschieden ist. Sehr scharf setzt sich der Magendarm mittelst einer vorspringenden Klappe gegen den kurzen Enddarm ab, dessen Wandung durch die grössere Breite und dichte Gruppirung seiner Ringmuskeln, sowie durch die Stärke seiner längsgefalteten Intima hervortritt, dagegen des Belages von Zellen entbehrt, den Leydig mit Unrecht auch diesem Theile des Tractus zugeschrieben hat. Die vier Gruppen von transversalen zwischen Haut und Darmwandung ausgespannten Muskelfäden, welche wie eine Art „Muskelnetz" den als Sphincter wirkenden Ringmuskeln entgegen das Darmlumen öffnen, habe ich bereits für jüngere Zustände beschrieben.

Ueber die Schalendrüse von *Branchipus* ist zunächst die auffallende Abweichung hervorzuheben, welche die Form und Lagerungsweise ihrer Windungen von der entsprechenden Drüse der Apusiden und Estheriden darbietet. Wahrscheinlich steht die gedrungene Form der Drüsenwindungen mit dem Mangel einer Schale im Zusammenhange, der Schlauch kann sich nicht nach hinten in eine Duplicatur des Kiefersegmentes ausdehnen (Fig. 13') und erscheint daher in dem seitlichen Vorsprunge desselben knäuelförmig zusammengerollt, zugleich aber mit seinem untern engern Abschnitt in das erste Fusssegment herabgedrängt. Auch hier findet sich eine reichliche Blutströmung in den engen, den Drüsengang umgebenden gefässähnlichen Räumen der Leibeshöhle. Eine Ausmündung der Drüse gelang mir ebensowenig wie Leydig wahrzunehmen. Jedenfalls ist der griffelförmige, den Ausführungsgang einschliessende Fortsatz, welcher sich bei den Schalen tragenden Phyllopoden findet, hier nicht vorhanden. In dieser Hinsicht schliesst sich *Branchipus* den *Cladoceren* an, welchen auch die Schalendrüse in der Gestalt der Windungen näher steht. Doch ist es bei Branchipus möglich (Fig. 13') eine Beziehung zu den Doppelschlingen des Drüsenganges von Apus und der Estheriden festzustellen, deren Schlingen-Zahl wir freilich auf zwei reducirt finden. Bei *Daphnia* ist die innere Schlinge (Fig. 18) a a' zudem viel kürzer als die äussere b b', diese aber in ihrer untern Hälfte aufwärts und nach vorn umgeschlagen. Möglicherweise fällt die Mündungsstelle mit der von G. O. Sars als rugose Stelle der Schale bezeichneten Partie zusammen. Das ampullenartige Drüsensäckchen, welches jüngst von A. Dohrn für die Cladoceren insbesondere für Daphnia longispina als ein Anhang der Schalendrüse beschrieben wurde, habe ich mich vergebens bemüht in dem von jenem Beobachter angegebenen Sinne aufzufinden. Dagegen sieht man bei durchsichtigen Daphniden zugleich mit den Drüsenwindungen ein sackförmiges Gebilde ganz vom Aussehn des vermeintlichen Drüsensäckchens, überzeugt sich alsbald aber bei scharfer Einstellung und genauerer Betrachtung, dass dasselbe mit der Schädeldrüse nichts zu thun hat, vielmehr das Kiemensäckchen des unterliegenden Beinpaares ist. Da das von Dohrn abgebildete Säckchen nach Lage, Form und Struktur jenem Kiemenanhang entspricht, so ist es mir kaum zweifelhaft, dass dieses letztere zu einer Täuschung Veranlassung gegeben hat. Vergl. Fig. 18 Br.

Ueber das langgestreckte vielkammerige Herz (Fig. 16 c) besitzen wir bereits mehrfache eingehendere Beschreibungen, und sind auch durch Leydig mit dessen feinerer Struktur bekannt gemacht, so dass ich mich auf wenige durch bereits mitgetheilte Beobachtungen über die Entwicklung des Herzens veranlasste Bemerkungen beschränken kann. Von der hintern unpaaren Oeffnung im vorletzten Segmente abgesehen finden sich in allen vorausgehenden Segmenten bis zum Segmente des ersten Fusspaares seitliche Spaltöffnungen, so dass sich die Zahl der letzern auf 18 Paare beläuft. Das Vorderende des Herzens aber erstreckt sich in das Kiefersegment hinein und mündet hier im Jugendzustande mit weitem Ostium. Die zarten Muskelfäden, welche in paariger Anordnung von Stelle zu Stelle zur Befestigung an den Rücken abgehen, entsprechen nach Zahl und Läge den Kammern und weisen auf die Stellen hin, an welchen sich bei der Loslösung der die Kammerhälften repräsentirenden Zellstränge vom dorsalen Rand der Keimwülste der Zusammenhang mittelst ausgezogener Spindelzellen erhielt. Leydig unterscheidet an der Herzwand eine äussere Ringmuskelschicht und ein inneres zartes Epitel; die Continuität des letztern scheint mir jedoch zweifelhaft zu sein und darf ich mich in dieser Hinsicht auf die bereits mitgetheilten Beobachtungen über die Entwicklung der Herzkammern beziehen.

Als Respirationsorgane dürften ausser der gesammten Körperdeckung doch wohl die schlauchförmigen Branchialsäckchen in Anspruch genommen werden (Fig. 17 Br). Wenn man auch an lebenden Thieren weder eine grössere Energie der Blutströmung noch eine bedeutendere Blutmenge als in andern Fusstheilen beobachtet, so möchte doch schon der Verlauf des Stromes in lacunären Gängen unter der Chitinhaut und die abweichende Struktur dieser Anhänge auf eine andere und zwar respiratorische Bedeutung hinweisen. Der Umstand, dass das Blut diese Säckchen nach dem Tode des Thieres strotzend anfüllt, hat wahrscheinlich eine Beziehung zur Struktur und grösseren Nachgiebigkeit der Bedeckung und dürfte desshalb auch nicht so gering anzuschlagen sein, als dies von Leydig geschieht, welcher den sogen. Kiemensäckchen die Bedeutung respiratorischer Organe abspricht. Ich finde zudem nun auch, dass bei Behandlung mit Ueberosmiumsäure die Kiemensäckchen sich tiefer schwärzen als die benachbarten Fusstheile, will jedoch diesem Umstand keine zu grosse Bedeutung beilegen. Auffallend ist das Vorhandensein eines zweiten sehr zarthäutigen und stark ausgedehnten Anhangsgebildes (Br'), welches vor dem Kiemensäckchen an der Basis des Fusses entspringt und bei den übrigen Phyllopoden vermisst wird. Auch in der sonstigen Gestaltung des Schwimmfusses finden sich manche Eigenthümlichkeiten, die sich aber leicht als Modificationen des Phyllopodenfusses ableiten lassen. Ein medianwärts gebogener Kieferlappen wie bei Apus fehlt, dagegen ist der Grundlappen sehr umfangreich und springt in weitem dicht mit Schwimmborsten besetztem Rande fort. Die Zweitheilung dieses Lappens (L L') scheint bei allen [1]) Branchipusarten angetroffen zu werden. Auffallend klein bleiben nun die drei folgenden Mittellappen, welche bei *Branchipus* wie bei *Artemia* warzenförmigen Höckern gleichen und in 1 oder 2 griffelförmige Dornen auslaufen, zugleich aber noch mit 2 bis 3 langen gebogenen Borsten besetzt sind. Der nun folgende untere Randlappen (Grube's Tibiallappen) (L⁵) zeigt nach Form und Grösse an den einzelnen Fusspaaren einige Verschiedenheiten. Im Allgemeinen erscheint derselbe als eine hohe und gedrungene Platte, deren Rand anstatt der Schwimmborsten mit kurzen befiederten Dornen besetzt ist. Der dorsalwärts entspringende obere Randlappen endlich (L⁶) besitzt eine gestrecktere mehr lanzetförmige Gestalt und trägt am freien Rande zahlreiche lange und befiederte Schwimmborsten. Die rückenständige vor dem schlauchförmigen Branchialsäckchen eingelenkte Fächerplatte, wie wir sie bei *Apus* und den *Estheriden* antreffen, vermissen wir bei *Branchipus* und *Artemia*, haben aber möglicherweise den obern Randlappen, den Grube Tarsallappen nennt, in diesem Sinne zu deuten, da das Verhalten der Fussentwicklung in jüngern Larvenstadien diese Auffassung zulässt. An den wulstförmigen Erhebungen, welche die ersten Fussanlagen darstellen und bei *Apus* durch ihre bedeutende Breitenentwicklung abweichen, sondern sich bei Branchipus zuerst die beiden Terminallappen durch eine mittlere Einschnürung. Bei *Apus* treten nun auch alsbald die vorausgehenden Lappenfortsätze und der Kieferlappen als rundliche Ausbuchtung auf, während Fächerplatte und Kiemensäckchen erst später an der Rückenseite des Fusses hervorwachsen. Bei *Branchipus* dagegen sondert sich nach der Differenzirung der beiden Randlappen ein schmales Mittelglied und ein umfangreicher Basallappen. Wenn nun am Rande grössere Borsten, sowie dorsalwärts die beiden Kiemensäckchen

---

1) Vergl. Klunzinger l. c. Taf. IV. Fig. 5 M'. L.

hervorwachsen, während der Reihe nach die beiden vordern Mittelhöcker aus der Masse des sog. Tibiallappen zur Sonderung gelangen, so gewinnt in der That der obere Randlappen das Aussehn einer dorsalen Fächerplatte.

Leydig, welcher das Nervensystem von *Artemia* und *Branchipus* näher beschrieben und namentlich das feinere Verhalten der peripherischen Nerven erörtert hat, bemerkt, dass man nur bei starker Vergrösserung und bei gedämpftem Lichte das Nervensystem zu erkennen vermöge, da bei der Durchsichtigkeit der Ganglien und Nerven die Anwendung schwacher Vergrösserungen nicht zum Ziele führe. Für die ausgewachsenen Formen mag Leydig Recht haben, ältere Larven und jugendliche Exemplare gestatten indessen auch ohne Anwendung jener Beobachtungsregeln eine sehr leichte und vollständige Verfolgung der Nerven.

Von bedeutender Grösse und complicirter Gestaltung erweist sich das Gehirn (Fig. 11'.), das von Leydig wohl allzu einfach als ein „mehrfach eingekerbter Halbring" dargestellt wird. Jedenfalls treten an ihm zwei seitliche medianwärts durch Querfasern verbundene Lappen hervor, die als Anhäufungen grosser Ganglienzellen wieder in mehrfache Unterabtheilungen zerfallen. Wir unterscheiden zwei grosse obere Centrallappen (a) und eben soviel kleine untere Lappen (c), welche seitlich viel weiter auseinander stehen und durch eine untere Commissur transversal verlaufender Nervenfasern verbunden sind. Unterhalb dieser Commissur liegen mehrere sehr grosse Ganglienzellen genau die Decke des Schlundrings bezeichnend, während oberhalb derselben ein zweites Band von Querfasern mit schräg aufsteigendem Faserverlauf die zuerst genannten Lappen sowie zwei seitlich und dorsalwärts vorspringende Anschwellungen (b) verbinden. Auch die den Schlundring bildenden Gruppen von Längsfasern erhalten einen oberflächlichen ziemlich dicken Belag von Ganglienzellen.

Die aus dem Gehirn austretenden Nerven versorgen theils Sinnesorgane, theils — und diese Nerven entspringen aus dem Schlundring — die Muskeln der Antennen. Mehr als Ausstülpungen der beiden obern Dorsalganglien, denn als einfache Nerven erscheinen zwei zu dem frontalen Sinnesorgane aufsteigende Stränge. Dieselben bestehn aus Ganglienzellen und Nervenfasern und legen sich mittelst je fünf Ganglienzellen an die Oberfläche eines glänzenden Körpers an, welcher als innerer Hautvorsprung mit der Hypodermis zusammenhängt und in seinem Innern zuweilen ein grosses Bläschen nachweisen lässt. Ob wir es hier mit einem einfachen bläschenförmigen Zellenkern oder einer Bildung zu thun haben, welche einem Otolithenbläschen näher steht, muss ich vorläufig ebenso wie die Natur des Sinnesorgancs dahingestellt sein lassen.

Bestimmteres vermochte ich über das unpaare Auge zu ermitteln, welches Leydig einem besondern Gehirnlappen aufgelagert sein lässt. In der That hat dieses primitive im jüngern Larvenalter ausschliesslich vorhandene Auge auch im vorgeschrittenen Alter einen complicirtern Bau, als man vermuthen möchte. Es besteht dasselbe nämlich aus einem zweilappigen Pigmentkörper, an dessen Seiten helle lichtbrechende Zapfen angelagert sind und aus dem empfindenden Apparat. Dieser entspringt vom Gehirn mittelst dreier Nervenstämmchen, zweier schwächeren von den Dorsalanschwellungen austretenden Seitennerven und einem stärkern aus der Mitte des Gehirns aufsteigenden medianen Augennerven (Fig. 11′, 13″ n). Der letztere bildet bei seinem Eintritt in den Pigmentkörper ein Ganglion, welches bei Br. stagnalis-Larven hinter dem Pigmente liegt (Fig. 11′), in vorgeschrittenen Stadien von Br. torvicornis, dessen Augenpigment eine viel länger gestreckte und schmälere Form hat, ebenso an den Seiten desselben erkannt wird (Fig. 13″ g). Bei ausgewachsenen Thieren scheint nach Leydig's Angaben die Form des Pigmentkörpers bedeutender zu variiren.

Die Nerven des grossen gestilten Seitenauges entspringen von den dorsalen Gehirnlappen mittelst eines besondern grossen Augenganglions, auf welches im Verlauf des Sehnerven vor dem Eintritt desselben in den Pigmenttheil des Auges noch eine zweite kleinere Ganglienanschwellung folgt. In jüngern Larven, deren Seitenaugen noch in der Bildung begriffen, liegen beide Anschwellungen dicht gedrängt hinter einander. Man überzeugt sich mit Hülfe verschiedener Entwicklungsstadien, dass ebenso wie das Frontalorgan so auch das seitliche Auge durch eine Wucherung des

Hautblattes seine Entstehung nimmt. In der wulstförmigen Auftreibung, welche an der Seite des Kopfes von der Hypodermis aus gebildet wird und an ihrem Ende mit dem Sehnerven zusammenhängt, lagern sich zuerst Anhäufungen von Pigmentmolekülen ab. Wenn diese noch nicht die halbe Grösse des unpaaren Augenflecks erlangt haben, treten die ersten Krystallkegel als kleine Zapfen auf. Mit der Grössenzunahme des Auges gewinnt der vordere Kopfabschnitt (Fig. 8) eine bedeutende Breitenentwicklung; ein guter Theil des nach rechts und links ausgezogenen Stirnrandes wird von einer streifigen aus kleinen Zellen gebildeten Wucherung der Hypodermis begleitet, der *eigentlichen Matrix des Augenstils* (Ma). Offenbar ist von der Thätigkeit dieses Zellenwulstes nicht nur die Verlängerung der zu den gestilten Augen sich umgestaltenden Seitentheile des Kopfes, sondern auch die schärfere Absetzung derselben von der in scharfem Bogen sich vorwölbenden medianen Kopfpartie abzuleiten. Ohne auf den feinen Bau des Auges näher einzugehn, der keine bemerkenswerthen Besonderheiten darzubieten scheint, mag hier nur die *durch die Entwicklungsweise erwiesene Bedeutung der beweglichen Stilaugen als selbstständig gewordene Kopftheile* hervorgehoben werden. Mit dem seitlichen Hervorwachsen der Augenstile bilden sich Muskelgruppen an der Unterseite des Auges aus, welche in transversalem Verlauf, der Achse des Auges ziemlich parallel (Fig. 11 M′), unterhalb des Sehnerven hinziehen und das Auge abwärts ziehen. Ausser diesen Muskeln aber ist noch eine zweite schräg die Querachse des Auges durchsetzende Gruppe von Muskelfasern bemerkbar, deren Wirkung eine entgegengesetzte zu sein scheint. Jedenfalls gibt uns die Entstehungsweise der Stilaugen von Branchipus einen Fingerzeig auch für die morphologische Beurtheilung des Podophthalmenauges, welches lange Zeit irrthümlich als besonderes Gliedmassenpaar gedeutet wurde.

Ausser den obern und vordern Sinnesnerven entspringen aus dem Gehirn und dem Schlundring vier Nervenpaare zu den Antennen. Der vorderste Nerv (Fig. 11′ n) gehört seinem Ursprung nach den untern seit-. lich gelagerten Anschwellungen des Gehirns an und versorgt die Sinnesfäden, sowohl die drei hellen Borsten als die zahlreichen kurzen mit ei-

4*

nem glänzenden Endknöpfchen versehenen Röhrchen. Wie bereits Leydig richtig dargestellt hat, treten die Fasern dieses Nerven durch zwei Gruppen verschiedenartiger Ganglienzellen durch. Die untere Gruppe besteht nur aus etwa fünf spindelförmig gestreckten Zellen von offenbar bipolarer Natur, die obere Gruppe, in welche die aus der erstern hervorkommenden Fasern eintreten, besteht aus zahlreichen kleinern und mehr rundlichen Zellen. Der 2te Nerv (n') versorgt die Muskeln an der Basis der Antennen. Die Nerven des 3ten und 4ten Paares (n'', n''') treten zu den Muskeln und Tasthaaren der 2ten Antennen.

Der Schlundring, der in weitem Bogen den Oesophagus umzieht, bildet ziemlich langgestreckte Schenkel, welche dicht unter dem Schlunde und von ihrem Uebergang in die Mandibularganglien merklich entfernt, eine Commissur von Querfasern verbindet, ein Verhalten, das sich bei den *Stomatopoden* und *Decapoden* wiederholt. Anstatt einer gemeinsamen untern Schlundportion finden wir eine Anzahl von gesonderten Kieferganglien in dichter Aufeinanderfolge. Zu oberst liegt ein medianwärts fast zusammenfliessendes unteres Schlundganglion, welches die Muskeln der Mandibeln versorgt und auch seiner Lage nach einem Mandibeldoppelganglion entspricht (Fig. 7 u. 8 Mg), dann folgt durch kurze Längscommissuren getrennt und durch zarte Quercommissuren verbunden ein grösseres vorderes und ein kleineres unteres Maxillarganglion. Die drei Ganglienpaare der Kieferregion bilden den vordersten Abschnitt des Bauchmarks, welches in jedem fusstragenden Segmente ein Ganglienpaar erhält. Diese Fussganglien aber sind grösser und gestreckter als die Kieferganglien, ihre Seitenhälften bestehen selbst wieder aus je zwei Anschwellungen und verbinden sich dem entsprechend durch eine doppelte Quercommissur (Fig. 14'). Wie bereits Leydig richtig hervorgehoben hat, liegen die aus den Längscommissuren eintretenden Fibrillen in der Mitte des Ganglions, während seitlich und oben die Ganglienzellen aufgelagert sind, sich auch streckenweise auf die Commissuren fortsetzen. Derselbe Autor lässt an der Aussenseite eines jeden Ganglions 3 Nerven entspringen, von denen der eine zum Fuss, ein anderer zur Haut gehn soll. Ich habe nur 2 Nerven beobachtet, welche die Muskeln des Fusses versorgen. Dagegen finde ich der äussern Seite des Ganglions einen in 2 Lappen getheilten Körper anliegend, welcher einige sehr grosse Kerne enthält (Fig. 14′ g′) und in einen sehr zarten Faden ausläuft. So wenigstens finde ich das Verhalten an Larven von 2 bis 3 Mm. Länge, habe es aber leider zur richtigen Zeit versäumt, spätere Alterszustände auf die Beschaffenheit dieser eigenthümlichen Nebengebilde zu untersuchen und bin später nicht im Stande gewesen trotz aller Mühe jene Stadien wieder zu erziehen. Wahrscheinlich fällt dieses wohl als Drüse zu deutende Anhangs-Gebilde, über dessen Beschaffenheit ich mir nach erneuten Beobachtungen genauere Mittheilungen vorbehalte, mit dem eigenthümlichen Organ zusammen, welches Leydig als rundlicher, stark orangegelber Körper an der Unterseite jedes Beines dicht an dem Coxalgliede beschreibt, dessen Bedeutung aber auch er nicht anzugeben vermag.

Der Bauchstrang bildet nun aber hinter den 11 Fussganglien noch in den beiden Genitalsegmenten Ganglien, welche jenen erstern durchaus entsprechen, nur des seitlichen Anhangsgebildes entbehren (Fig. 14). Hinter dem letzten Ganglion (13), dessen Quercommissur einfach bleibt, setzt sich das Bauchmark in Form zweier Längsnerven in die nachfolgenden Segmente des Abdomens fort.

Ueber die peripherischen Nerven, welche die zarten Sinnesfäden der Antennen und die zahlreichen an der Oberfläche der Leibessegmente paarig vertheilten Tastborsten (Fig, 9 u. 10) versorgen, verdanken wir bereits Leydig nähere Angaben. Auffallend erscheint der Reichthum an Büscheln von Sinneshaaren an der Oberfläche der 2ten Antennen, welche nach dem Verlust der Schwimmborsten eine für beide Geschlechter differente Entwicklung nehmen und bei Männchen zu ausserordentlich grossen wahrscheinlich mit einem feinen Gefühlsinn begabten Greiforganen werden. Schon an Formen von 3,5 Mm. Länge (Fig. 14″) markirt sich in der abweichenden Gestaltungsform der „Kopfhörner" das erste Anzeichen männlicher oder weiblicher Natur, da indessen meine auf die allmählige sexuelle Umgestaltung dieser Gliedmassen gerichteten Beobachtungen noch nicht den gewünschten Grad der Vollständigkeit erlangt haben, ziehe ich es vor, die Mittheilung derselben für eine spätere ergänzende Arbeit zu verschieben. Nur soviel will ich hinzufügen, dass im weiblichen Geschlecht (Fig. 14' a a') der Nebenast ganz rudimentär wird und später hinwegfällt, ebenso auch der obere Abschnitt des Hauptastes, welcher die Ruderborsten trug, zu einem kleinen Fortsatz verkümmert. Im männlichen Geschlecht (Fig. 15) gestaltet sich dieser Abschnitt zu dem obern gekrümmten Haken des medianwärts mit dem der andern Seite verschmelzenden Greifapparates. Aus dem Nebenaste aber geht möglicherweise der an der Basis entspringende fühlerartige Faden hervor.

## 2. Apus cancriformis.

### Mit Taf. V bis VII.

Die jungen dem rothbraunen Eie entschlüpften Apuslarven (Taf. V Fig. 1) erkennt man schon mit unbewaffnetem Auge an der dicken plumpen Körperform und an der Unbehülflichkeit ihrer Bewegungen. Wie bereits B r a u e r richtig bemerkt hat, sinkt der neugeborene *Apus* zu Boden, und schwimmt nur schwerfällig und zwar mittelst der Ruderschläge seines 2ten Gliedmassenpaares wieder an die Oberfläche. Die trübkörnige Beschaffenheit der Gewebe, welcher die opake gelblichweisse Färbung des Körpers entspricht, gestattet keinen Einblick in die feinere Struktur der Organe. Man sieht nur den sackförmigen vorn erweiterten und mit gelblich röthlichem Dottermaterial erfüllten Darmcanal, sowie den braunrothen fünfseitigen Pigmentkörper des unpaaren Auges. Der Dotterinhalt des Darmcanals ist offenbar so reichlich vorhanden, dass er nicht nur für das erste, sondern auch für das zweite und wahrscheinlich auch noch für das dritte Stadium als Nahrungsquelle vollkommen ausreicht. Der oval gestreckte nach hinten fast birnförmig verschmälerte Körper hat eine Länge von 0,6 Mm. und ist beinahe dreh-

---

1) Fr. B r a u e r, Beiträge zur Kenntniss der Phyllopoden. Sitzungsberichte d. K. Akad. d. Wiss. Wien. Mai-Heft 1872.

rund, doch sind die Seitenflächen voneinander etwas weiter entfernt als Rücken und Bauchseite. Am hintern Ende bezeichnet eine schwache mediane Ausbuchtung die Lage der Afteröffnung.

Bezüglich der Gliedmassen hat man bislang auffallender Weise das dritte Beinpaar der Naupliusform (c) ganz übersehen und gestützt auf die von Zaddach gegebene Beschreibung und Abbildung der Apuslarve nur die beiden vordern Gliedmassenpaare zugeschrieben. Das vordere Paar, die später Antenne, inserirt sich zu den Seiten der helmförmigen Mundkappe oder Oberlippe und ist wie bei allen Naupliusformen einfach stabförmig. An ihrer Spitze erhebt sich eine lange und sehr bewegliche Borste, neben der noch eine zweite viel kürzere und schmächtigere Borste eingefügt ist. Unverhältnissmässig gross und in seiner Funktion *den Ruderantennen der Cladoceren entsprechend* erscheint das 2te Gliedmassenpaar (b). Dasselbe ist an seiner Basis mit einem beweglichen Kieferhaken bewaffnet und endet mit zwei umfangreichen Aesten, von denen der kürzere eingliedrig bleibt und drei Borsten trägt, während der längere fünfgliedrige Hauptast mit fünf langen Seitenborsten besetzt ist. Das dritte bisher übersehene Gliedmassenpaar (c) entspringt dicht unterhalb der Oberlippe, hebt sich aber bei der dunkeln trübkörnigen Beschaffenheit der Leibessubstanz nicht so deutlich als die vorausgehenden hervor, zumal nur der Endabschnitt desselben über den Seitenrand des Körpers hinausreicht. Ein Mandibularfortsatz ist noch nicht ausgebildet, indessen wenigstens als schwache kuglige Auftreibung der Anlage nach vorhanden. Die beiden Endglieder, die ebensoviel Aesten entsprechen, bleiben kurz, das obere und äussere mit 3, das innere mit 2 kurzen Borsten bewaffnet. So einfach der birnförmige Leib unserer Larve auf den ersten Blick erscheint, so ergibt sich doch bei genauerer Betrachtung, dass in demselben nicht nur der Kopf mit der Anlage des Rückenschildes, sondern auch der Rumpf nebst Hinterleib enthalten ist. Man erkennt in seitlicher Lage des Thieres sowie vom Rücken aus eine die Anlage des Rückenschildes (DS) bezeichnende Abgrenzung und auf dem Integument dieses Abschnitts eine rundlich ovale Contur (N), welche eine urglasförmige helle Erhebung umschreibt, das durch alle Stadien bis zur ausgebildeten Form sich erhaltende Nackenorgan. Die dem Rumpf und Hinterleib entsprechende Region, etwa das hintere Drittheil des Larvenkörpers ausmachend, birgt unterhalb des Integumentes die Anlagen zu den 5 vordern Brustsegmenten (S) und deren Gliedmassen, die man als ebensoviel schräg aufsteigende Querwülste leicht erkennt.

Je mehr sich die Larve dem Zeitpunkt der ersten Häutung nähert, um so besser markiren sich die beiden Regionen des nachfolgenden Stadiums, der grössere, den Kopf und Rückenschild bezeichnende Vorderkörper und der hintere allmählig verschmälerte und die Anlagen der 5 vordern Beinpaare in sich fassende Abschnitt. Nach Abstreifung der Chitinhülle hat die Larve die ovale Form des Nauplius vollständig verloren und durch die schildförmige Verbreiterung des Vorderleibes sowie durch die Streckung des kegelförmig verengerten hintern Leibesabschnitts eine Gestalt gewonnen, welche am besten der einer jungen Caligus verglichen wird (Fig. 2 A u. B). Noch immer ist der Körper von einer Menge feiner und groberer Körnchen erfüllt, welche zahlreiche Muskeln und Nerven, auch den grössten Theil des Gehirns verdecken. Nur der Darmcanal mit seinen nunmehr als einfache Schläuche vortretenden Leberausstülpungen schimmert seinem ganzen Umfang nach durch die Körpergewebe hindurch, die sich während des 2ten Entwicklungsstadiums in Folge der Körnchenauflösung nur wenig klären. Der schildförmige Vorderleib umfasst Antennen und Kiefersegmente, entspricht somit dem Kopfabschnitt, überdeckt aber zugleich wenigstens das vordere Rumpfsegment mit der Anlage des ersten Beinpaares ziemlich vollständig. Das unpaare braunroth pigmentirte Auge liegt dem obern Rand des Gehirns fast unmittelbar auf und scheint zwei lichtbrechende Körper zu enthalten. Oberhalb desselben erheben sich auf zwei schwach gewölbten Hervorragungen zwei kleine griffelförmige Fäden mit zartem fibrillären Inhalt und glänzenden Terminalkörperchen (Fr'), offenbar die zwei auch bei andern Entomostraken aufgefundenen Sinnesfäden des Stirnrandes (Fr), denen wohl auch das Frontalorgan von Branchipus gleichwerthig ist. Die Gliedmassen des Vorderleibes haben sich kaum wesentlich verändert. Die Antennen enthalten etwa in ihrer Mitte am

Innenrand eine birnförmige Zelle, die sich in spätern Stadien erhält und wahrscheinlich zu den später auftretenden Geruchsfäden in Beziehung steht. An der Basis der Ruderantenne, deren Innenast bereits zweigliedrig geworden ist, findet sich in undeutlicher Umgrenzung ein trübkörniger schleifenförmig gebogener Drüsenschlauch, dessen Ausmündung unterhalb des Hakengliedes um so deutlicher erkannt wird, je mehr sich der Larvenkörper durch Resorption der Körnchen aufhellt. Es ist die bereits für *Branchipus* beschriebene schleifenförmige Drüse an der Basis des zweiten Gliedmassenpaares, die in gleicher Weise bei *Estheria* und *Limnadia* (hier schon von Lerebouillet[1]) als räthselhaftes Organ erwähnt) vorkommt und sicher auch bei den übrigen Phyllopoden auftritt. Morphologisch entspricht dieselbe offenbar der von mir im Körper der Cyclopslarven beobachteten Drüsenschleife (Claus, Copepoden Taf. I. Fig. 2. 3. 5 und Taf. II. Fig. 9.) und ist ein bei den Entomostraken auf das Larvenleben beschränktes Organ, von der sog. Schalendrüse wohl zu unterscheidendes Organ. Da wir auch bei zahlreichen Malakostraken eine Drüse gleicher Lage und Ausmündung (an der Basis des zweiten Antennenpaares) finden, so scheint mir nichts im Wege zu stehen, die erwähnte schleifenförmige Drüse der Entomostraken dem Drüsenschlauch an der hintern Antenne der Decapoden und Amphipoden morphologisch gleich zu setzen. Am Basalglied des dritten Gliedmassenpaares ist der Mandibularfortsatz als mächtiger noch nicht gezähnelter Kiefer hervorgewachsen. Die Oberlippe ist kurz und — wie man an der frisch abgestreiften Larvenhaut nachweisen kann — am freien Rand mit 4 papillenförmigen Erhebungen versehen. Dieselbe bedeckt die Ränder der Mandibeln, deren Grösse und Stärke auf bereits vorhandene Funktionsfähigkeit hinweist. Allerdings wird der dunkelkörnige Darminhalt vornehmlich noch aus Ueberresten des Nahrungsdotters gebildet, indessen mögen auch bereits kleine Schlammtheile, Detritus abgestorbener Körper, selbstständig aufgenommen werden. Auf das Mandibelpaar mit seinem

---

1) Lerebouillet, Observations sur la génération et le developpement de la Limnadie de Hermann. Annales sc. nat. V Ser. Tom. 5. 1868.

mächtig entwickelten Fussanhang folgt noch das vordere als einfache Platte sich darstellende Maxillenpaar. Im Innern des von trübkörnigen Zellen erfüllten Kopfschildes markiren sich bereits hellere Hohlräume und Lakunen, in denen Blutkörperchen in langsamen Bewegungen fortgeführt werden.

Wie es mir schien, waren es die Muskeln der Extremitäten, deren Contraktionen stellvertretend für das nicht nachweisbare Herz, die schwache langsame und unregelmässige Bewegung des Blutes veranlassten. Auch die Schalendrüse vermag man bei aufmerksamer Betrachtung, wenn auch noch nicht in scharfen Umrissen, sodoch als eine schlauchförmig gruppirte Anhäufung von Zellen in den untern Seitentheilen des Rückenschildes nachzuweisen. Der nach hinten sich verschmälernde tief ausgebuchtete Hinterleib zeigt deutlich 5 Segmente, an welchen bereits die 3 bis 4 vordern Gliedmassen als Querwülste mit wellig gelapptem untern Rande (Taf. VI Fig. 2 C) erkannt werden. Auch ein 6tes Segment hebt sich später als ringförmige Querbinde von dem konischen Endgliede ab, und hinter ihm schimmern die Anlagen der zwei nachfolgenden Ringe durch das Integument durch. Die Höcker, welche die terminale Ausbuchtung begrenzen, sind zu ansehnlichen Furcalfortsätzen ausgezogen. In der Ausbuchtung selbst mündet mit deutlicher Oeffnung der Enddarm aus, dessen Wandung sich von dem mit trübkörniger Masse erfüllten Magendarm bereits scharf abhebt.

An den ältern der Häutung nicht fern stehenden Formen dieses zweiten Larvenstadiums ist die Zahl der Segmente scheinbar vermehrt, da sich über den drei neuen grösser gewordenen Segmentanlagen die Cuticula vorwölbt. Aehnliches finden wir auch an den unmittelbar vor der Häutung stehenden Larven älterer Stadien. Die abgestreifte Haut, die man durch Isolirung der Larve leicht erhält, gibt in jedem Falle ein Hülfsmittel an die Hand, die Zahlenverhältnisse für Segmente und Gliedmassen genau zu bestimmen und dient somit zur Controle der an den lebenden Larven gemachten Beobachtungen.

Mit der zweiten Häutung (Taf. VI Fig. 2 C) tritt die Larve in das dritte Stadium (Fig. 3 Taf. VI.) ein (Zaddach Taf. IV. Fig. 5), welches beinahe eine Länge von 1 Mm. erreicht hat, aber auch im Laufe seines Bestehens einige Veränderungen erfährt. Dasselbe hat 6 gelappte Fusspaare, deren Grösse und Differenzirung von vorn nach hinten abnimmt. Ausser dem Kieferlappen und 5 ventralen schlauchförmigen Lappenfortsätzen besitzen die 5 vordern Beine bereits den dorsalen Randlappen oder die Fächerplatte (F p) und das rückenständige Branchialsäckchen (Br). Auch eine 7te noch undeutlich gelappte Fussanlage ist vorhanden, und hinter dieser heben sich noch 2, später sogar 3 Segmente als kurze seitlich vorragende Wülste ab (Taf. VI Fig. 3). Das Rückenschild ist noch kurz und bedeckt nur die Segmente der beiden vordern Beinpaare, lässt jedoch bereits die Schalendrüsen ihren Umrissen nach hindurchschimmern. Der Kaurand der Mandibel, deren Taster noch als Fuss fungirt, ist fein gezähnelt und am untern Winkel mit einem stärkern Zahn bewaffnet. Auch die Anlage des 2ten Kieferpaares wird als schmale quer liegende Erhebung nachgewiesen. An den ältern und vorgeschrittenen Formen, welche vor der Häutung stehen, hat sich der Körper bedeutend geklärt, so dass man die innern Organe deutlicher verfolgen kann. Es erscheint nun auch das Herz und zwar schon in langsamen Contraktionen begriffen bis zum 6ten Fusssegment entwickelt. Die Furcalglieder sind etwa 3mal so lang als breit und laufen in einen kurzen Borstenhöcker aus. Ihr Innenraum wird durch eine schmale Chitinsehne in einen äussern und innern Blutraum geschieden. Der letztere geht in eine den Afterdarm umgebende Lacune über, in welcher eine Anzahl querer an der Darmwandung befestigter Muskelbänder wie in einem Rahmen ausgespannt liegen. Es sind die auch bei *Branchipus* beschriebenen Dilatoren des Darmlumens, welche beim Austritt des Darminhalts die Wandung nach den Seiten ziehn und die von klappenförmigen Vorsprüngen des Integuments umgebene Afterspalte öffnen. Da wo die Chitinsehnen der Furcalglieder an dem Chitinrahmen entspringen, liegen jederseits 3 Zellballen.

Nach abermaliger Abstreifung der Haut, also nach der dritten Häutung, tritt die Larve — bei warmer Witterung noch vor Beginn des zweiten Tages nach dem Ausschlüpfen — in das vierte Stadium ein (Fig. 4)

(Zaddach Fig 9) und hat nun eine Länge von 1 bis 1¼ Mm. erreicht. Nunmehr erscheint der Körper überaus hell und durchsichtig, und in den Schalen tritt sehr deutlich das Lacunensystem hervor, welches die Blutkörperchen langsam durchkreisen. Die Zahl der gelappten Fusspaare ist auf 7 Paare gestiegen, von denen die 3 bis 4 vordern vom Rückenschilde bedeckt werden. Sämmtlich tragen sie schon an der Rückenseite das Branchialsäckchen und die Fächerplatte, sowie an ihrer Basis die median vorspringende Kieferlade. Aber auch schon an dem 8ten und 9ten Beinpaar beginnt die Lappenbildung; die 3 bis 4 nachfolgenden Gliedmassen sind in der Entstehung begriffen und heben sich sammt ihren kurzen Segmenten vom Hinterleibsstück ab, dessen Furcalglieder jetzt 4 bis 5mal so lang als breit sind und in je einen langen Borstenfortsatz auslaufen. Auf der Rückenseite markiren sich über und hinter dem Stirnauge die Anlagen des paarigen Auges, dessen Pigment sich in dem mit 2 Ganglien zusammenhängenden Blastem abzulagern beginnt. Die Leberanhänge des Darmes bilden jederseits schon 3 Ausstülpungen, die sich mittelst eines äusseren Ueberzuges von Ringmuskeln zu contrahiren vermögen. Die Schalendrüse mit ihren drei Schleifengängen ist bereits vollkommen ausgebildet. Besonderes Interesse gewährt die Gestaltung des frontalen Sinnesorganes, dessen blasse Zapfen vom Stirnrand dorsalwärts gerückt, an den Seiten einer taschenförmigen, im frühern Larvenstadium bemerkbaren Hautumsäumung frei nach aussen vorstehen; die an sie herantretenden oberhalb des Auges von Ganglien entspringenden Nerven verlaufen an den Seiten innerhalb der Hauttaschen. Die Ruderantennen, noch immer als Hauptbewegungsorgane durch synchronische Ruderschläge den Körper stossweise forttreibend, haben an Umfang kaum verloren und lassen unterhalb ihres grossen Kieferhakens die Mündung der vordern Drüsenschleife leicht erkennen. Am Kaurand der Mandibeln erheben sich 2 untere Zahnfortsätze und oberhalb derselben von der Spitzenreihe des Randes gesondert eine Gruppe kleiner Spitzen, welche einem dritten Zahnfortsatz entsprechen (Fig. 4'). Die 3gliedrigen Kinnbackentaster stehen beinartig nach hinten gewendet und haben noch immer einen ansehnlichen Umfang. Am ersten Maxillenpaare unterscheidet man schon die Anlage einer vordern kleinern Lade, welche von Zaddach als Maxille des ersten Paares gedeutet wurde. Unterhalb der grossen Hauptlade folgt das quergestellte mit nur einer Borste besetzte 2te Maxillenpaar. (Zaddach's Thoracalfuss des 3ten Paares). Das Herz, dessen Vorderende 2 seitliche Arterien nach der Schalendrüse entsendet, reicht bis in das 9te Fusssegment. Der Kreislauf ist bereits sehr vollkommen und die Strömungen des Blutes in den Bluträumen der Furca sehr lebhaft. In den der Medianlinie zugekehrten Lakunen bewegen sich die Blutkörperchen von dem rahmenartig umschriebenen Sinus, welcher den Enddarm umgibt, abwärts und steigen dann in der Lakune der Aussenseite aufwärts empor. Auch die Bauchganglienkette mit ihren dicht gedrängten Ganglien wird deutlich bis zum 9ten Segmente erkennbar.

Mit der vierten Häutung ist die Larve in das 5te Stadium (Taf. VIII Fig. 5) eingetreten und hat eine Länge von 1½ Mm. erreicht (Zaddach Fig. 13). Es sind nunmehr 9 deutlich gelappte Fusspaare vorhanden, welche sämmtlich den Kieferfortsatz und — mit Ausnahme des letzten — das rückenständige Branchialsäckchen besitzen. Ein 10tes Paar ist in der Lappenbildung begriffen und vier nachfolgende Gliedmassen sprossen an den entsprechenden Segmenten hervor, deren Seitentheile als Höcker über die Gliedmassenanlagen hinausragen, hinter diesen aber werden noch etwa 6 kurze Querbinden als neue Segmentanlagen unterschieden. Zwischen den vordern 9 bis 10 Gliedmassen treten die entsprechenden Ganglienknoten in dichter Aufeinanderfolge zu einer sehr gedrungenen Ganglienkette vereint, sehr deutlich hervor (Fig. 5 g.) Die Furcalglieder haben sich bedeutend gestreckt und erreichen fast den dritten Theil der gesammten Körperlänge, ihre Endborsten sind nun mehr beweglich abgesetzt und an der Einlenkungsstelle von 4 spitzen Stacheln umstellt. In der Bewegungsweise der Larve beginnt nun aber im Zusammenhang mit der allmähligen Verkümmerung der beiden vordern Gliedmassenpaare eine Veränderung bemerklich zu werden, es tritt die Schwimmbewegung der Füsse den frühern Ruderstössen der Ruderarme gegenüber in den Vordergrund. Vornehmlich ist es der Mandibularfuss, der eine beträchtliche Reduktion seiner Grösse erfahren hat, und über die Mandibel, deren Kaurand 3 scharf abgesetzte Zahnfortsätze und eine vierte Erhebung mit einer Gruppe feiner Spitzen darbietet, ein wenig hinausragt. Von den Maxillen ist die des 2ten Paares noch so wie im frühern Alter gestaltet und mit der einfachen fast fingerförmigen Borste an der medialen Spitze bewaffnet. An der Aussenseite des vordern Maxillenpaares aber bemerkt man unmittelbar über der Einlenkungsstelle dieses Kiefers eine kurze etwas gekrümmte höckerförmige Erhebung, die ich für die Anlage des fingerförmigen Anhangs halte, an dessen Spitze der Ausführungsgang der Schalendrüse liegt. Das frontale Sinnesorgan erscheint noch weiter vom Stirnrand nach der Rückenseite abgerückt. Zu den Seiten der taschenförmigen Hautspalte erheben sich die zwei fadenförmigen Cuticularanhänge (Fig. 5 B. z), zu denen 2 Ganglienknoten ansehnliche Nerven (n) entsenden. Unmittelbar hinter und unter diesen Ganglien liegt das grosse unpaare Auge, den beiden Lappen des Gehirns (Gh) dicht aufgelagert. Jenes (Fig. 5 C) besteht aus einem birnförmig-ovalen schwarzen Pigmentkörper, in welchen wahrscheinlich — nach dem Verhalten von *Branchipus* zu schliessen — Nervenelemente von beiden Hirnhälften eintreten und zwei seitlichen hellen Anlagerungen, in denen eine streifige Substanz und hellere Kugeln erkennbar sind (Fig. 5 C. O'). Stellt man den Rücken der Larve ein (Fig. 5 B), so treten in dem von den Leberschläuchen umschlossenen Raume oberhalb des undeutlich durchschimmernden Augenpigments wie von einem Rahmen umschlossen die Theile des paarigen Auges (O) entgegen. Jedes Auge enthält zahlreiche kleine Pigmentkugeln und eine streifige mit Zellen erfüllte Substanz, welche einem grossen birnförmigen wohl als Augenganglion aufzufassenden Körper auflagert.

Die Leberblindschläuche haben sich in dem Masse vergrössert, dass die beiden seitlichen Paare durch Einschnürungen in je 2 Abschnitte zerfallen sind, dagegen erscheint das ventrale Paar noch einfach und gleicht auf dem natürlichen Querschnitt einem längsovalen Sack, den man zumal bei seiner Lage an der Antennenbasis auf den ersten Blick mit einer Gehörblase verwechseln könnte. Das Herz erstreckt sich jetzt schon bis in das 10te Fusssegment. Blutkörperchen kreisen in allen Theilen des Leibesraumes in lebhafter und regelmässiger Bewegung.

Nachdem die Larve zum 5ten male ihre Haut abgestreift, hat sie eine Länge von 2 bis 2½ Mm. erreicht, von der allerdings beinahe zwei Fünftheile auf die langgestreckten fadenförmigen Furcalglieder kommen, deren Oberfläche durch den ringförmigen Besatz mit kurzen Spitzen bereits eine Art Ringelung gewonnen hat (Zaddach Fig. 14 und 15). Es sind jetzt 11 bis 12 vollkommen gelappte und mit Kieferfortsätzen versehene Beinpaare vorhanden, von denen die 9 bis 10 vordern Branchialanhang und Fächerplatte tragen; dann folgen noch 2 kleinere undeutlich gelappte Fusspaare und 5 bis 6 kleine Fussanlagen, sodass im Ganzen 26 abgeschnürte Segmente gezählt werden, hinter denen noch unterhalb des Integuments 6—7 neue Segmentanlagen als Querbinden zu unterscheiden sind. Von nun an schreitet die Reduktion der Ruderantennen mit der Verkümmerung ihres Kieferhakens rascher vor. Die Schleifendrüse in der Antennenbasis ist noch wohl erhalten, dagegen der Mandibulartaster bis auf einen kleinen Rest (Fig. 6' M. T.) geschwunden. Am Kaurand der Mandibeln erheben sich 5 diskrete Zahnfortsätze, die schon fast $\frac{3}{4}$ der Länge des Kaurandes einnehmen. Die beiden Laden des vordern Maxillenpaares erscheinen eben so wie die papillenförmige Erhebung (p) auf welcher die Schalendrüse ausmündet, merklich vergrössert.

Schon jetzt hat die Schalendrüse eine solche Ausbildung erlangt, dass sie alle Theile späterer Zustände enthält, aber bei der relativ geringen Grösse und bedeutenden Durchsichtigkeit der Larve viel deutlicher erkennen lässt. In der allgemeinen Form sowie in der Zahl der Drüsengänge zeigt dieselbe eine grosse Uebereinstimmung mit den Drüsen der von Schalenklappen umschlossenen Phyllopoden, der Gattungen *Limnetis*, *Estheria* und *Limnadia*. Die Schalendrüse der letztern Gattung habe ich bei einer andern Gelegenheit kürzlich näher beschrieben und würde ich auf diese Darstellung einfach verweisen, wenn nicht gerade für *Apus* der Bau dieser Drüse von den bisherigen Beobachtern so irrthümlich dargestellt worden wäre. Zaddach wirft die Gänge der Drüse mit Bluträumen zusammen und beschreibt 7, beim erwach-

senen Thiere sogar 9 „Canäle", und auch Grube [1]) gibt anknüpfend an
die Schalendrüse von Limnetis eine zwar bessere, aber immerhin noch nicht
auf richtiger Deutung basirte Darstellung. Wie bei den genannten Gattungen haben wir stets drei an dem hintern Ende schleifenförmig um-
gebogene und einander eng umlagernde Bogengänge, welche sich um
den in die Schale einführenden Blutraum sowie um den an der Basis desselben gelegenen Schalenmuskel in Gestalt eines gestreckten Ovales her-
umziehn. Es sind also 3 einander umschliessende je 2schenklige Bogengänge vorhanden, deren Ränder in Folge der Anheftung unter sich und an
der Schalenwand vielfache zackige Erhebungen bilden und deren Ausklei-
dung aus Drüsenzellen besteht. Bezeichnen wir mit Grube den innern
Bogen, welcher den unpaaren bei Apus sehr langgestreckten Blutraum umzieht, als den ersten, den äussern als den dritten und die der Medianlinie
zugewendeten Schenkel als die obern, so lässt sich für den Zusammenhang
der Bogengänge folgendes auch für alle nachfolgenden Altersformen gülti-
ges Verhältniss feststellen. Stets gehen die obern Schenkel des dritten
und zweiten Bogenganges am vordern Ende durch Umbiegung in einander
über und ebenso die untern Schenkel des ersten und dritten Bogenganges (Fig. 6 S. D.). So bleiben nur die vordern Abschnitte des ersten obern
und zweiten untern Bogenganges frei. Beide umgürten die Basis des
Blutcanals der erstere unter winkliger Umbiegung und weiter nach aufwärts verlängert oberhalb des Schalenmuskels wie blind abgeschlossen.
Wahrscheinlich vereinigen sich an dieser Stelle beide Gänge zur Bildung
eines kurzen Ausführungscanales, der auf dem papillen- später griffelför-
migen Fortsatz an der Aussenseite der Maxillen mündet. Auch an der
äussern Umgrenzung des Schalendrüsenovals wird eine reichliche Blutströmung unterhalten; an ältern Thieren scheint hier der äussere Drüsengang wie von einem nochmaligen Gang umzogen, mit dessen Hinzuziehung Zaddach (Taf. II Fig. 1 c[5]) die Zahl seiner Canäle auf 9 d. h.
einen unpaaren und 4 paarige bestimmen konnte. Was die Entwicklung des Darmkanals und Herzens anbetrifft, so ist die Zahl der Leber-

---

1) Grube, Bemerkungen über die Phyllopoden. Berlin 1853 p. 45.

säckchen auf 6 Paare gestiegen, von denen drei noch kleine und einfache der Bauchseite angehören, die drei grossen obern Paare aber wieder je 2 bis 3 Nebenausstülpungen bilden (Taf. VIII Fig. 6 L.). Das Herz besitzt 11 Paare von seitlichen Spaltöffnungen, aus einem vordern unpaaren Ostium (o) oberhalb des Arterienpaares (ar) strömt das Blut nach dem Gehirn und Augenpaare.

In ähnlicher Weise schreitet die Umgestaltung des wachsenden Leibes mit den spätern, rasch aufeinander folgenden Häutungen vor. Das paarige Auge vergrössert sich dem unpaaren Auge gegenüber in jedem spätern Stadium, ebenso gewinnt das Rückenschild fortwährend an Umfang und bedeckt allmählig eine immer grössere Zahl von Leibessegmenten. Die Zahl der Beinpaare mehrt sich in stetiger Zunahme, während die Rückbildung der Antennen weitere Fortschritte macht. Im siebten Stadium, also nach der 6ten Häutung, ist die Mandibel mit sechs, nach der 7ten mit sieben, nach der 8ten Häutung mit acht nunmehr die ganze Länge des Kaurandes einnehmenden Zahnhöckern bewaffnet, während vom Taster kaum noch Reste bemerkbar sind. Im 9ten Stadium hat die Larve eine Länge von 4 Mm. erreicht, von der freilich nur die Hälfte auf das Rückenschild kommt. Nach dem Formzustande der bereits aus zahlreichen Blindschläuchen zusammengesetzten Leber zu schliessen, würde die von Zaddach in Fig. 20 gegebene Abbildung auf dieses Stadium zu beziehen sein. Auch macht sich jetzt eine tiefere Einschnürung etwas oberhalb ihres untern Drittheils an der vorderen Antenne bemerkbar, und es bereitet sich hiermit die Gliederung der Antenne in einen kürzern basalen Abschnitt und in ein langgestrecktes Endglied vor, dessen Endborsten sehr schmächtig geworden sind, während zahlreiche blasse Riechfäden die Oberfläche bedecken. Auch werden jetzt schon die sexuellen Verschiedenheiten, welche Zaddach und v. Siebold an weiter vorgeschrittenen Larven mit 3 bis 4 Mm. langem Rückenschilde für das 11te Beinpaar beschrieben haben, an diesem noch sehr kleinen Gliedmassenpaare eingeleitet. Deutlicher freilich markiren sich die Unterschiede an etwas ältern Larven nach der 9ten und 10ten Häutung; an weiblichen Larven (Fig. 7, 11F.) erscheint

die Fächerplatte (Fp) auffallend weit nach der Basis gerückt und über-
lagert vollkommen das kleine und verkümmerte Kiemensäckchen (Br),
welches an dem entsprechenden Beinpaare des Männchens die normale
mit dem Kiemensäckchen der benachbarten Füsse übereinstimmende Gestalt bewahrt. An dem vordersten Beinpaare ist bereits schon früher
eine für beide Geschlechter übereinstimmende Umgestaltung eingetreten,
welche mit dem Wachsthum der Larve weitere Fortschritte macht und
zu der abweichenden eigenthümlichen Gestaltung des vordern Beinpaares
führt. Dieselbe beginnt mit einer bedeutendern Streckung des Stammes
und Verlängerung seiner sechs Lappen, die mit der Streckung des Stammes weiter auseinander rücken. Nach der 9ten Häutung zeigt der
sechste, aus dem untern Randlappen der Fussanlagen hervorgegangene
Lappen die Form eines schmalen an der Spitze mit 3 Zinken endigen-
den Stabes, während sich die 3 vorausgehenden Lappen als cylindrische
Fäden darstellen auf deren Oberfläche Querreihen von Spitzchen eine
Gliederung vorbereiten. An Larven von 2½ Mm. Schildlänge sind diese
fühlerähnlichen Fäden bedeutend verlängert und mehrfach gegliedert, am
längsten und aus der grössten Gliederzahl gebildet ist der 5te nunmehr
von der Spitze des Stammes entspringende Faden, welcher die Länge
des nun schon bedeutend geschrumpften stabförmigen Astes um mehr als
das doppelte übertrifft (Fig. 8 L$^{VI}$). Später verkümmert der letzte zu der
Form einer kleinen, dem langen fühlerförmigen Endast aufliegenden
Schuppe. Die Ruderantenne wird immer schmächtiger und trägt nur
noch kleine Borstenrudimente, dagegen wachsen am Innenrand der
2ten Maxille ein Paar Borsten und Spitzen hervor. An dem Rückenschilde gewinnt der Hinterrand einen Besatz von kleinen Zähnen. Die
Furcalfäden zeigen eine deutliche durch Querreihen von Spitzen bezeich-
nete Ringelung.

Ueber den Verlauf der weitern Entwicklung mögen wenige allge-
meine Bemerkungen genügen, indem ich der Hauptsache nach auf die
Beobachtungen Zaddach's verweisen kann. Von einer genauern Verfolgung der zahlreichen nach Abstreifung der Haut aus einander hervorgehenden Altersformen glaubte ich um so eher abstrahiren zu kön-

nen, als jetzt schon im Wesentlichen die Form der Mundwerkzeuge und Gliedmassen erlangt ist, und auch die innere Organisation keine merklichen Umgestaltungen erfährt. Freilich gelangt die sog. Leber auf dem Wege fortgesetzter Ausstülpung zu einer bedeutendern Complication der Gestaltung und dem entsprechend zu einer ansehnlichen Flächenvergrösserung. Die anfangs einfachen Ausbuchtungen ziehen sich zu langen Schläuchen aus und erzeugen neue Nebensäckchen, zu denen sie sich später verhalten wie der Ausführungsgang einer gelappten Drüse zu dem secernirenden Gewebe. 'Offenbar haben wir es hier mit einer Flächenvermehrung eines Theils der Darmoberfläche zu thun, durch welche nicht etwa die resorbirende Oberfläche vermehrt, sondern eine grosse, reichliches Secret absondernde Drüse hergestellt wird. In die ausführenden Schläuche treten allerdings ebenso wie in die Gänge der sog. Leber bei den Gastropoden auch unverdaute Nahrungstheile aus dem Darmlumen ein, indessen doch wohl nur um der Einwirkung des zufliessenden· Saftes ausgesetzt zu werden, der bei dem Mangel anderweitiger Drüsen sehr wahrscheinlich die Bedeutung eines Verdauungssaftes besitzt. Sicher werden wir auch bei den Wirbellosen in erster Linie nach Sekreten zu suchen haben, welche die Eiweissstoffe in lösliche Modifikationen überführen, und auch Amylaceen in Zucker umzusetzen vermögen. Bei dem Mangel anderweitiger Drüsen wird daher die Deutung dieser so genannten Leberschläuche als Drüsen, welche ähnlich wie die Labdrüsen, beziehungsweise die Bauchspeicheldrüsen der Vertebraten wirken, viel grössere Wahrscheinlichkeit haben, als die alte der Bezeichnungsweise entsprechende Auffassung derselben als gallenbereitender Organe. Was wir auf dem Gebiete der Wirbellosen „Leber" nennen, darf, wie mir scheint, durchaus nicht physiologisch mit der Leber der Wirbelthiere verglichen werden, selbst wenn die Farbe des Sekrets an Gallensecrete erinnert. Zu einer Zeit, in der man die Bedeutung der Galle für den Verdauungsprocess überschätzte und gestützt auf eine irrthümliche Interpretation sowie auf die Entstehungsweise der Leber von der Darmwandung aus, den so verbreiteten und mannichfaltig gestalteten Drüsenanhängen am Anfaug des Magendarms von Wirbellosen

6*

die Bezeichnung und mit ihr die Bedeutung einer „Leber" beilegte. Nun mag allerdings die Färbung des Sekretes und der Drüse selbst wie z. B. bei den Weichthieren jene Deutung begünstigt haben, indessen dürfte diese doch nur von untergeordnetem Werthe sein. Selbst wenn sich Gallenfarbstoffe und Produkte der Galle in jenen Säften nachweisen lassen würde, wäre damit der Beweis der gleichen Bedeutung nicht geführt; denn es ist wohl denkbar, dass das Sekret zwar Stoffe beigemengt enthält, welche wie jene aus dem Blute ausgeschieden wurden, dabei aber doch im Wesentlichen eine andere Wirkung ausübt, und in dieser Hinsicht dem Magensaft und dem Pancreassekret näher kommt. Wir sollten daher in dem Gebrauch der Bezeichnung „Leber" auf dem Gebiete der Wirbellosen möglichst vorsichtig sein, solange uns genaue chemische Untersuchungen und physiologische Versuche über die Bedeutung derselben fehlen.

Auffallend ist die grosse Zahl von Häutungen, welche die jungen Thiere in rascher Folge zu durchlaufen haben, und mit denen das Wachsthum des Körpers verhältnissmässig langsam fortschreitet. So hat beispielsweise nach Ablauf der 12ten Häutung das Rückenschild keine grössere Länge als die von 2½ Mm., während das 11te Beinpaar im weiblichen Geschlechte eine Differenzirung bietet, wie sie auf Fig. 8′ dargestellt worden ist. Im Gegensatz zu den schalentragenden Limnadien und Estherien wird jedesmal auch die dorsale Lamelle des Rückenschildes abgeworfen, während dieselbe bei jenen Gattungen, wie ich mich durch zahlreiche direkte Beobachtungen überzeugen konnte, als besondere Schalenlagen, in deren Peripherie die neugebildete Haut einen Anwachsstreifen ansetzt, zur Verdickung der Schalenhaut verwendet werden. Ich muss in dieser Hinsicht meinen frühern auf die Beobachtung in einander geschachtelter Estherienschalen gegründeten Widerspruch zurücknehmen und die Darstellung Joly's und Grube's als richtig anerkennen.

Die Zeit, wann die Anlagen der Geschlechtsdrüsen auftreten, vermag ich nicht genau zu bestimmen, wahrscheinlich aber geschieht dies schon in verhältnissmässig jugendlichem Alter von 2 bis 2½ Mm. Schildlänge, in welchem die Abweichung in der Bildung des 11. Beinpaares für beide Geschlechter bemerklich wird. Weitere Differenzen männlicher und weiblicher Formen als die jenes Beinpaar betreffenden vermochte ich nicht aufzufinden. So nahe die Vorstellung liegt, eine reichere und stärkere Entwicklung der Riechfäden an den männlichen Fühlhörnern zu finden, so gelingt es doch nicht eine solche — im Gegensatz zu den übrigen schalentragenden Phyllopoden — hier zu constatiren. Nach Brauer[1]) soll die Zahl der fusslosen Segmente im männlichen Geschlecht um 1 grösser (7) sein als im weiblichen (6). Dagegen bleibt im erstern Falle die Körpergrösse merklich zurück, und mag es hiermit im Zusammenhang stehn, dass man bei Männchen wohl häufiger eine verkümmerte Ruderantenne erhalten findet, als im weiblichen Geschlecht, wo man sie an grössern Exemplaren stets vermisst. Ueber die Begattung beider Geschlechter habe ich keine selbständigen Beobachtungen gemacht und verweise in dieser Hinsicht auf die Mittheilungen Brauer's. Dagegen gelang es mir die Copulationsvorgänge von *Estheria dahalacensis* mit anzusehn.

Man beobachtet, wie sich das Männchen an der Seite der weiblichen Schale mittelst der Zangen seiner Greiffüsse anlegt und mit dem Weibchen längere oder kürzere Zeit herumschwimmt, dann aber während der Ruhe sein Abdomen zwischen die Schalen des Weibchens einschlägt, während dieses seinen Leib vorzustrecken sich bemüht. Das Spiel währt längere oder kürzere Zeit, bis auf einmal während einer solchen gegenseitigen Bewegung an beiden Seiten der weiblichen Schalen in der Gegend des 11ten Beinpaares die Eier vorquellen und sich unterhalb der Schale anlagern. Dann hat die Begattung ihr Ende, und das Männchen macht sich vom weiblichen Körper los. Somit ist es mehr als wahrscheinlich, dass bei *Estheria* die Befruchtung eine äussere ist, dass die Eier im Momente ihres Austritts von dem gleichzeitig zwischen die weiblichen Schalen ergossenen Sperma befruchtet werden. Demzufolge würde ich auch für Apus, an dessen innern Geschlechtsor-

---

1) Fr. Brauer, Beiträge zur Kenntniss der Phyllopoden. Sitzungsberichte der Akad. der Wissenschaften. Wien 1872. Maiheft.

ganen keinerlei Einrichtungen beobachtet wurden, welche auf eine innere Befruchtung hinweisen, die Vorstellung Kozubowsky's für zutreffend halten, nach welcher der männliche Same bei der Begattung in die offene Tasche des 11ten weiblichen Beinpaares gelangt, in der sich bekanntlich auch die freilich mit einer dicken Schale versehenen Eier anhäufen.

## 3. Schlussbemerkungen.

Bereits nach Vollendung des Druckes der vorausgehenden Bogen war es mir möglich, ergänzende Untersuchungen an Larven und jüngern Formen von *Branchipus torvicornis* anzustellen. Meine Aufmerksamkeit war insbesondere darauf gerichtet, bestimmtere Anhaltspunkte zur Deutung der eigenthümlichen Anhangsgebilde der Bauchganglien zu finden. Schon an verhältnissmässig jungen Thieren von 3 Mm. Länge beobachtete ich in der Mitte der zweilappigen Masse eine rundliche Differenzirung, welche einem Gehörsäckchen ähnlich in ihrem hellen flüssigen Inhalt eine Anzahl undeutlich begrenzter kurzer Stäbchen umschliesst. An diese Partie des Anhangsgebildes treten von der Medianlinie her 2 aneinander haftende blasse Fäden heran, die man für Nerven halten könnte. Dieselben sind jedoch selbstständige nicht weit von der Mittellinie am Integument entspringende sehr langgezogene Zellen, deren Bedeutung ich als Suspensorien bestimmen möchte. (Fig. 14".) An grössern Exemplaren erscheint die mittlere Otolithenähnliche Bildung schärfer umgrenzt und bedeutend vergrössert, auch sind die Conturen der Stäbchen schärfer und bestimmter. (Fig. 14'''.) In noch ältern bereits geschlechtlich differenzirten Formen von 8 bis 10 Mm. Länge gewinnen die Lappen durch Ausbuchtungen und durch zarte peripherische Ausläufer eine unregelmässigere Gestalt. Im Innern ihrer Substanz treten mehrere blasenförmige Körper vom Aussehn grosser Zellkerne hervor, während die Begrenzung der centralen Stäbchenmasse ihre frühere bestimmte Form verloren hat. Aus allem scheint mir für die Natur der merkwürdigen Anhangsgebilde hervorzugehn, dass sie nicht

Drüsen, sondern Sinnesorgane sind, deren speciellere Bedeutung freilich unklar bleibt. Die grossen gewundenen Greifhörner der Männchen gehen in der Weise aus der frühern Schwimmfussantenne hervor, dass nach Verlust des Nebenastes der Zipfel des Hauptastes zu einem längern fingerförmigen Fortsatz (Fig. 19 a) wird, an dessen Basis ein cylindrischer Zapfen hervorwächst der. sich zu dem muskelreichen cylindrischen und später gewundenen Greiforgan (b) umgestaltet.

Abgesehen von den mehrfachen mehr auf die Besonderheiten der Entwicklung und Organisation bezüglichen Ergebnissen, die in der vorausgehenden kurzgedrängten Darstellung erörtert wurden, dürfte wohl durch die nähere Bekanntschaft vornehmlich mit den jüngern Stadien der Entwicklung unsere Vorstellung von dem Verhältniss der grossen vielbeinigen *Phyllopoden* zu den Cladoceren einige Klärung gewonnen haben. Zunächst ist es eine nicht zu unterschätzende Thatsache, dass auch die Naupliusformen, denen man bisher nur 2 Extremitätenpaare zuschrieb, 3 Gliedmassenpaare besitzen und dies gilt nicht nur für *Apus*, dessen Mandibularfuss bislang übersehen ward, sondern auch für die Larven der Limnadien und Estherien, denn auch hier fehlt keineswegs, wie man bisher glaubte, das vordere Paar gänzlich, sondern ist in ähnlicher Weise wie das dritte Gliedmassenpaar der jungen Achthereslarve als subcuticularer Wulst angelegt, an dessen Spitze eine lange Borste entspringt. Wenn wir weiter sehen, dass die aus der Naupliuslarve hervorgehenden Larvenzustände in der Zahl der Segmente und Gliedmassen jenen kleinen Entomostraceen mit 4, 5 beziehungsweise 6 Fusspaaren nahe stehen, so werden wir um somehr berechtigt sein, beiderlei Formen in nähere Verbindung zu bringen, als wir auch rücksichtlich der Mundesgliedmassenzahl eine Uebereinstimmung finden. Während aber bei den Daphnien die im Embryo gegebene Anlage zur 2ten Maxille eine Rückbildung erfährt, tritt bei Apus und Branchipus die Anlage des 2ten Maxillenpaares später als die des ersten Paares auf, welches nun aber durch Bildung mehrfacher Lappen eine complicirtere Differenzirung gewinnt. Ebenso finden wir in der Gestaltung der jugendlichen mit den Ruderarmen der Daphnien nahe übereinstimmenden Gliedmassen des 2ten

Paares und besonders in dem Auftreten der Schalendrüse morphologische Uebereinstimmungen, welche zur Genüge darthun, dass die neuerdings (E. v. Beneden) bezweifelte Zugehörigkeit der Cladoceren zur Phyllopodengruppe eine genetisch tief begründete ist.

In dem Vorkommen zweier Paare von Drüsengängen, der Schalendrüse und der an der Basis des zweiten Gliedmassenpaares ausmündenden Schleifendrüse, glauben wir auch für die genetische Verwandtschaft der Entomostraken und Anneliden ein nicht unwichtiges Zeugniss gefunden zu haben.

# Erklärung der Abbildungen.

## Taf. I.

Fig. 1. Naupliuslarve von Branchipus stagnalis, einige Zeit nach dem Ausschlüpfen aus dem Ei. a. Antenne. b. Ruderfussantenne, deren Kieferhaken K h und Hakenborste II b. c. Mandibularfuss mit dem Kieferfortsatz K. Starke Vergrösserung.

Fig. 2. Zweites Stadium mit kegelförmig gestrecktem Abdomen, an dessen Basis sich 4 Segmente abschnüren. Mandibularfuss mit Kaulade. A D Antennendrüse. D Z. Drüsenzellen in der Oberlippe. E D. Enddarm. Schwächere Vergrösserung.

Fig. 3. Abdomen des nachfolgenden Stadiums stark vergrössert. D Darmcanal. E D Enddarm mit 4 Gruppen von Muskelfäden (M), Erweiterer des Darmlumens. A f Afteröffnung. L M Längsmuskeln. C Herz. C⁴, C⁵, C⁶ die in der Entstehung begriffene 4te 5te und 6te Herzkammer.

Fig. 3′. Muskel des Enddarms isolirt und stark vergrössert.

Fig. 4. Etwas weiter vorgeschrittene Larve schräg von der Bauchseite gesehn. G h. Gehirn. L M. Längsmuskeln der Oberlippe. R M. Ringmuskeln derselben. B. Blutkörperchen. G. Ganglien der Bauchkette.

Fig. 4′. Dieselbe schräg von der Rückenseite gesehen, stärker vergrössert. K w Dorsaler Rand des Keimwulstes.

Fig. 5′. Frontales Sinnesorgan einer etwas ältern Larve. g z Ganglienzellen. k Kugliger Subcuticularwulst.

Fig. 5″. Gehirn und Sinnesnerven. O. Unpaares Auge; — G. dessen Ganglion. n′n′ paariger, n unpaarer Nerv desselben. O paariges Auge. G h Gehirn mit dem Augenganglion. Lebersäckchen an dem obern Ende durch einen Faden S am Auge befestigt.

## Taf. II.

Fig. 5. Larve von Br. torvicornis von ³/₄ Mm. Länge, schräg von der Rückenseite gesehn, stark vergrössert. O′ Unpaares Auge. O Paariges Auge. A D Antennendrüse. D P Nackencontur. C Herz. C⁷ Anlage der 7ten Herzkammer. K⁸ Dorsaler Rand des Keimwulstes vom 8ten Segment.

Fig. 5‴. Die rechte Bauchhälfte der Kiefer und Fusssegmente derselben Larve Mg′ Vorderes Maxillarganglion. Mg² Maxillarganglion des 2ten Paares. Mx′ Maxille

7

des ersten. Mx″ Maxille des 2ten Paares. g′ g² etc. Erstes, zweites etc. Fussganglion. p′, p² etc. Erster, zweiter Schwimmfuss.

Fig. 6. Schwimmfüsse und Abdomen einer ältern Larve. p⁵ Fünfter Fuss. br′ br² Die beiden Branchialsäckchen.

Fig. 6′. Das Ende des Keimstreifens derselben Larve mit der Anlage der Keimwülste des 8ten S⁸ bis 12ten Segmentes S¹². ZH Zellen der Hypodermis. Die Protoplasmaschicht im Umkreis der Kerne ist eine sehr spärliche.

Fig. 6″. Das Hinterende des Rückengefässes derselben Larve. C⁸ 8te Herzhammer. M Seitenmuskelfäden. C⁹, C¹⁰ Die Zellstränge am Rückenrande des 9ten und 10ten Keimwulstes, aus welchen sich die 9te und 10te Kammer bildet.

Fig. 7. Larve von Br. stagnalis von 1,2 Mm. Länge, von der Bauchseite gesehn. Fg⁵ Fünftes Fussganglion. Mx¹ Erste, Mx² Zweite Maxille.

Fig. 7′. Die 3 Kiefernganglien und die obere Partie des ersten Fussganglions. Mg Mandibularganglion. Mx″ Maxille des 2ten Paares. Mg′ Vorderes Maxillarganglion. Mg″ Maxillarganglion des 2ten Paares. Fg′ Vorderes Fussganglion.

Fig. 8. Furca einer ältern Larve von 1²/₃ Mm. Länge.

Fig. 8′. Kiefer und 1 Fussganglion derselben Larve. T Taster der vordern Maxille. Mx′ Mx″ 2te Maxille.

## Taf. III.

Fig. 8. Vorderkopf einer Branchipuslarve von 1¹/₂ Mm. Länge, vom Rücken aus berechnet. Ma Matrix des Stilauges. N′ Nackenorgan von unbekannter Bedeutung. L Leberausstülpungen des Darmes mit transversalen Muskelreifen. Fr Frontales Sinnesorgan.

Fig. 9. Hintere Körperhälfte einer Br. torvicornislarve von 1,8 Mm. Länge. F⁶ Fuss des 6ten Paares etc. S⁹S¹⁰ etc. bezeichnen die Leibessegmente mit ihren seitlichen Tastborsten. g Ganglien der Bauchkette.

Fig. 10. Hintere Körperhälfte einer Br. torvicornislarve von 2 Mm. Länge in einem spätern Stadium g¹⁰, g¹¹ etc. Ganglion des 10. 11. Paares etc. gt Genitalanlage.

Fig. 10′. Die Segmente der 4 letzten Ganglienpaare desselben Stadiums.

Fig. 11. Die Ganglien der beiden Genitalsegmente im nachfolgenden Stadium 2,25 Mm. Länge in seitlicher Ansicht. gt Genitalanlage.

Fig. 12. Kopf einer Larve von fast 3 Mm. Länge. Die Borsten der Ruderantenne verkümmert, gh Gehirn. M Aufwärtsziehn des Schlundes. M′ Längsmuskeln des Auges. Md Mandibel mit Taster. Ob Oberlippe. Mx′ Maxille des ersten Paares mit Taster. Mx″ Maxille des 2ten Paares.

Taf. IV.

Fig. 11′. Gehirn und Sinnesorgane einer 2,2 Mm. langen Larve. O Unpares Auge. F r Frontales Sinnesorgan. M a Matrix für das Stilauge. M Schlundmuskeln. M′ Unterer Augenmuskel. a Oberes, c Unteres und seitliches Ganglion der Bauchfläche. b Dorsales Lappenpaar des Gehirns. n Nerv, welcher die Sinnesfäden der vordern Antenne versorgt. n′ Muskelnerv des ersten Antenneupaares. n″n‴ Nerven der 2ten Antenne.

Fig. 13. Kopf einer 3,2 Mm. langen Larve von der Ventralseite aus gesehn. a Erste Antenne. b Antenne des 2ten Paares nach Verlust der Ruderborsten mit 5 Büscheln von Tasthaaren am Hauptast. O b Oberlippe. M x′ Erste Maxille nebst Taster T a. M x″ Zweite Maxille.

Fig. 13′. Schleifenförmige Drüse der rechten Seite vom Rücken aus gesehn.

Fig. 13″. Unpares Auge mit 2 Licht brechenden Körpern. g. Ganglion. n|n′. Nerven.

Fig. 14″. Nebenorgan der Bauchganglien mit der Gehörsäckchen ähnlichen Differenzirung von einem 3 Mm. langen Branchipus.

Fig. 14‴. Ganglien mit Nebenorgan eines grössern Thieres.

Fig. 19. Antenne des 2ten Paares eines ganz jungen Männchens von Branchipus torvicornis. a. Der aus dem Hauptast hervorgegangene Griffel, der sich später zu einem längern Faden ausbildet. b. Neugebildetes cylindrisches Greiforgan, welches sich mit dem weitern Wachsthum windet. M. Muskeln.

Taf. V.

Fig. 14. Ganglien des Genital-Doppelsegmentes eines Thieres von 3,5 Mm. Länge. 9¹² Zwölftes, 9¹³ Dreizehntes Ganglion. n Nervenstränge des Abdomens. gen. Genitalwülste.

Fig. 14′. Ein Ganglion der Bauchkette. c′ Obere, c″ Untere Quercommissur. M Obere Muskelgruppe. N Untere Muskelgruppe des Fusses mit den zugehörigen Nerven. 9′ Drüsenähnliches Nebenorgan, Leydigs eigenthümliches Gebilde an dem Coxalgliede des Beines.

Fig. 15. Antennen des 2ten Paares einer 3,5 Mm. langen weiblichen Jugendform. a von der Seite, a′ von der Fläche gesehen.

Fig. 15′. Antenne einer 5 Mm. langen jungen männlichen Form.

Fig. 16. Männchen von *Branchipus stagnalis* in seitlicher Lage. L Leberschläuche. N Uhrglasförmiges Nackenorgan. M Mandibel. a Antenne des ersten Paares. b Greifantenne mit Nebenanhang. M D Magendarm. C Herz. T Hoden. P. Männliches Glied mit dem Ende des Vas deferens. A. Hinteres Ostium des Herzens.

Fig. 17. Fuss desselben. B r Kiemensäckchen. B r′ Hinteres Branchialblatt. L — L⁶ Fusslappen.

Fig. 18. Linke Schalendrüse einer Daphnia. aa' Innerer. bb' Aeusserer Gang einer Daphnia. Br. Darunterliegendes Riemensächchen des ersten Beinpaares, welches den Eindruck eines Ampullenförmigen Nebensackes macht.

## Taf. VI.

Fig. 1A. Eben ausgeschlüpfte Larve von Apus cancriformis. A von der Bauchseite aus geselin. a. Antenne. b. Rudergliedmasse (Antenne des 2ten Paares) c. Dritte Gliedmasse oder Mandibularfuss. MD Magendarm. L Leberschläuche. S Anlagen der 5 vordern Segmente des Leibes.

Fig. 1B. Dieselbe Larve vom Rücken aus gesehen mit Hinweglassung der Gliedmassen. N Rundliche Nackencontur. RS Rückenschild.

Fig. 1C. Dieselbe Larve von der Seite betrachtet.

Fig. 2. Zweites Larvenstadium. A Von der Bauchseite. B von der Rückenseite aus betrachtet. Fr Frontalorgan. Mx Maxille des ersten Paares. F Furca.

Fig. 2C. Die abgestreifte Haut dieses Stadiums. M Mandibel. Ob Oberlippe. N Nackencontur p', p", p''' Erstes etc. Fusspaar.

## Taf. VII.

Fig 3. Drittes Larvenstadium von der Bauchseite aus geschn, stark vergrössert. AD Antennendrüse.

Fig. 3'. Ende des Hinterleibs mit der Furca. ED Enddarm. Z Gruppe von je 3 Zellen. C Chitinstab. B Blutkörperchen.

Fig. 4. Viertes Larvenstadium von der Bauchseite. Die sog. Leber zeigt jeder seits schon 3 sackförmige Ausstülpungen. SD Schalendrüse.

Fig. 4'. Kaurand der Mandibel.

Fig. 4". Ende des Hauptastes der Ruderantenne.

Fig. 5B. Auge nnd frontales Sinnesorgan des 5ten Larvenstadiums von der Rückenseite gesehn. N Vorderrand der Nackencontur. L Wandung des Darmes und der Leberausstülpungen. n Nerv des frontalen Zapfens z. O Pigment des paarigen Auges.

Fig. 5C. Dasselbe von der Bauchseite. O' Unpaares Augengigment. Gh Gehirn.

## Taf. VIII.

Fig. 5. Fünftes Larvenstadium. G Ganglienkette. S¹¹ Eilftes Segment. Mx Zweite Maxille.

Fig. 6. Vorderdarm, Herz und Schalendrüse einer Larve des 6ten Stadiums. L Leberschläuche. ar Seitliche Arterien der vordern Kammer. o Vorderes Ostium derselben. C Herz. SD Schalendrüse. M Contur der Mandibel. RS Hinterrand des Rückenschildes. MD Magendarm.

Fig. 6'. Mundwerkzeuge desselben Stadiums. M Mandibeln. Mx' Maxillen des ersten Paares mit ihren Vorderlappen Lo. Mx" Maxillen des 2ten Paares. P Zapfenförmige Erhebungen, auf denen die Schalendrüse mündet. T Rest des Mandibulartasters.

Fig. 7. Füsse des 11ten (11F) und 12ten (12F) Paares einer weiblichen Larve mit 2 Mm. langen Rückenschilde. Br Branchialsäckchen. Fp Fächerplatte.

Fig. 8. Erstes Fusspaar einer Larve mit 2½ Mm. langem Schilde.

Fig. 8'. Eilftes Fusspaar derselben. L' Kieferlappen. L"—L'¹¹ Zweiter bis sechster Lappen.

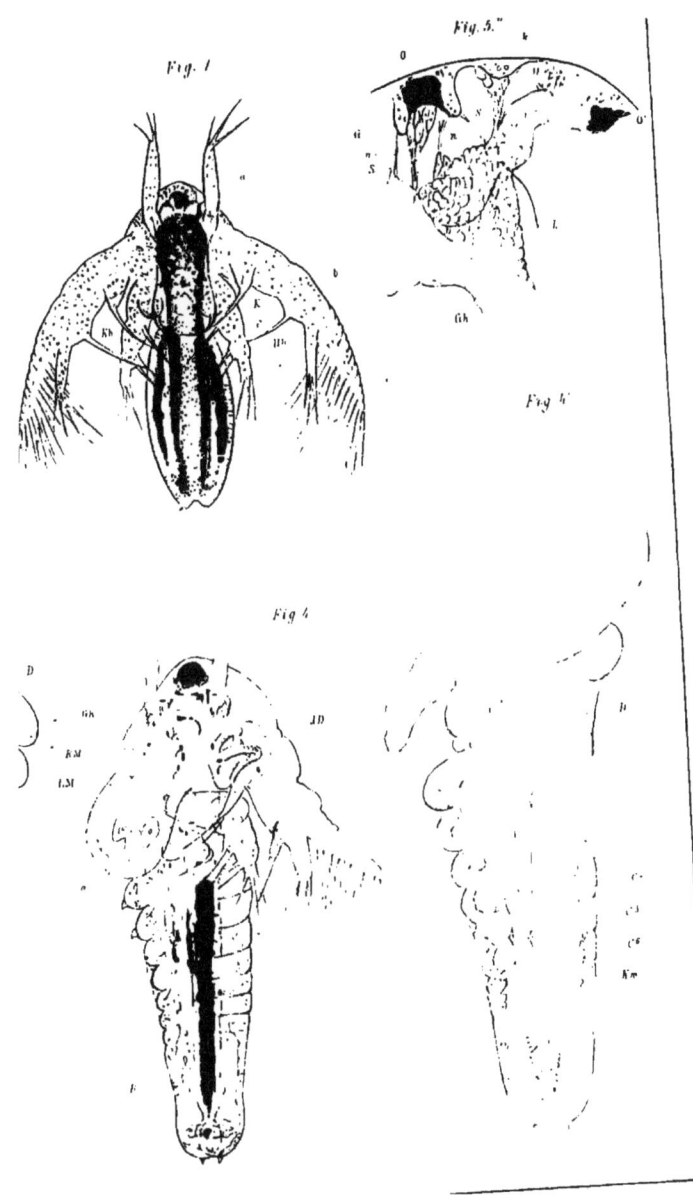

Fig. 1

Fig. 5."

Fig 4'

Fig 4

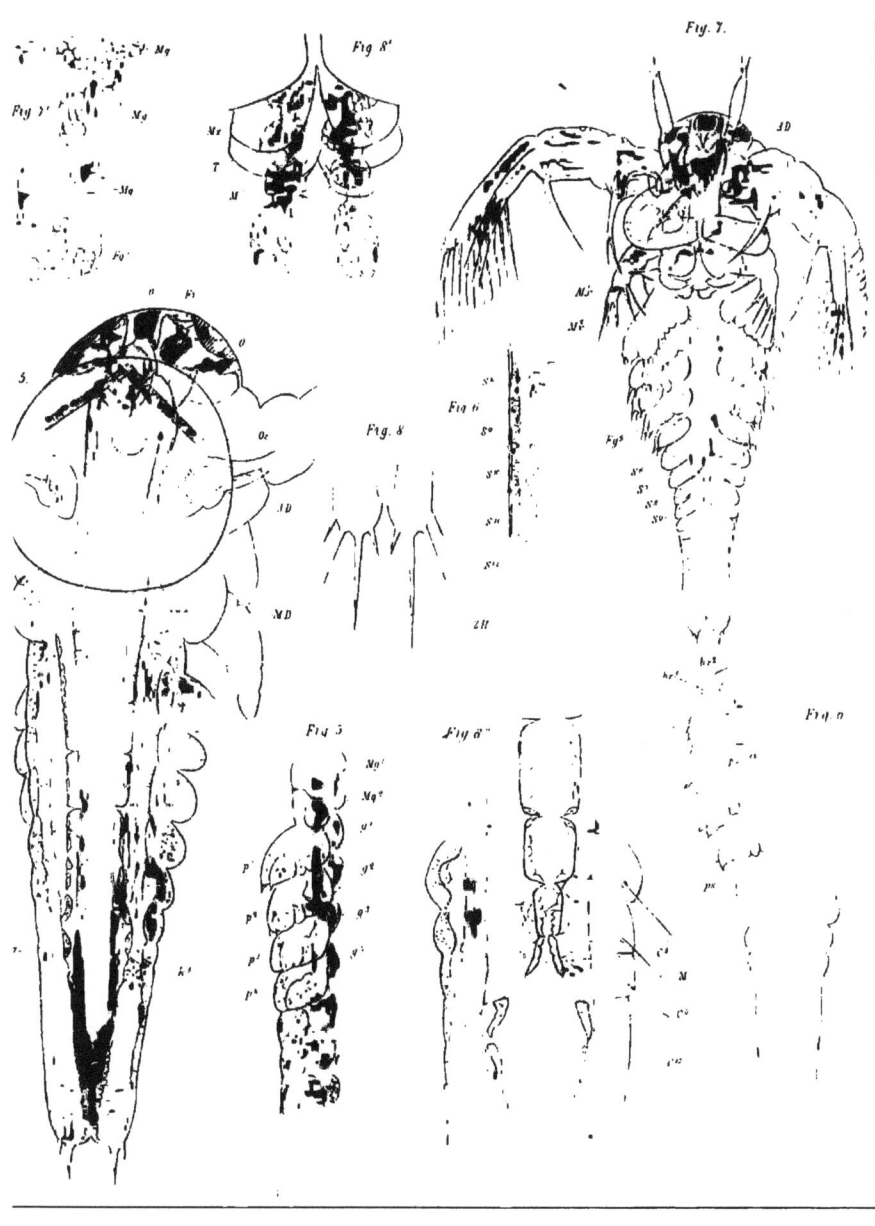

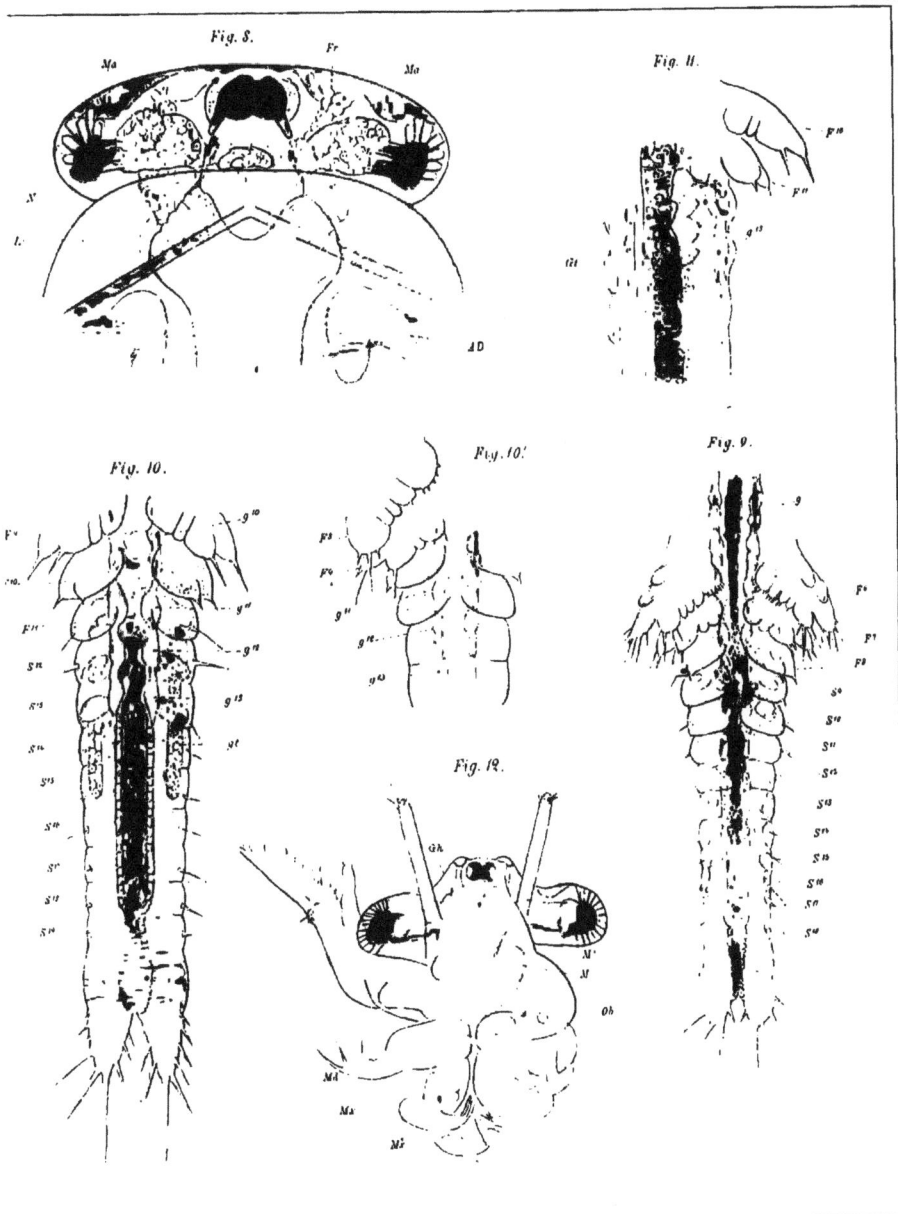

Fig. 8.

Fig. 11.

Fig. 10.

Fig. 10.'

Fig. 9.

Fig. 12.

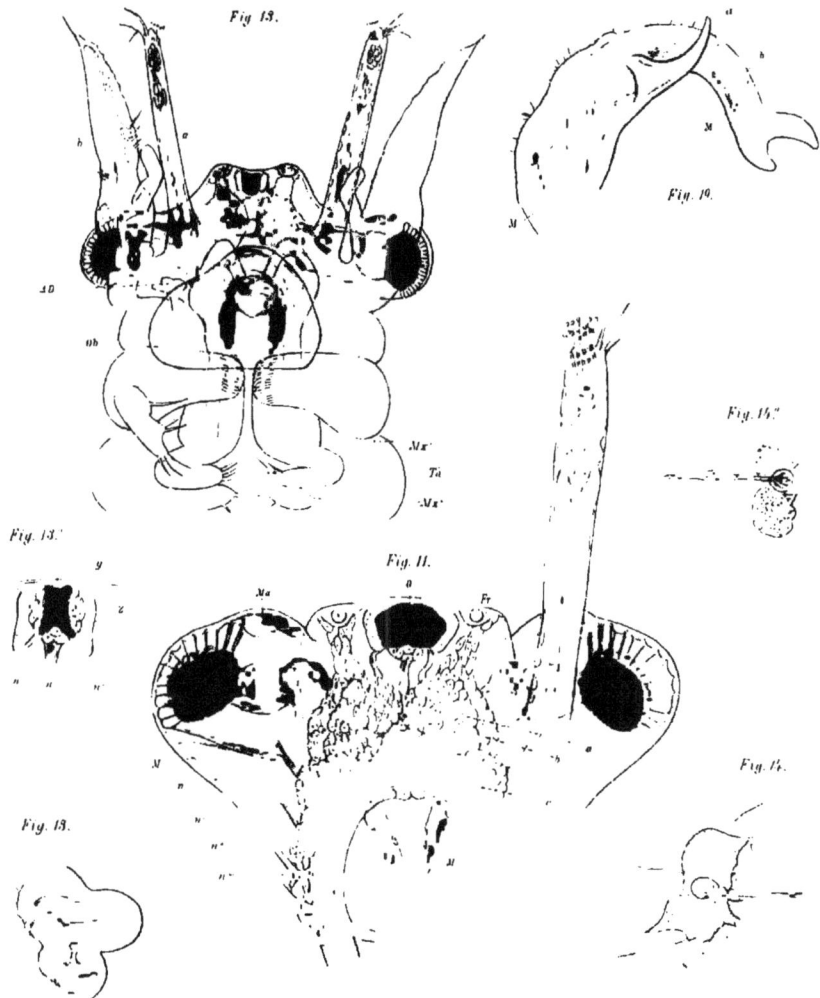

Fig. 13.

Fig. 10.

Fig. 14.

Fig. 13.

Fig. 11.

Fig. 14.

Fig. 13.

Mx'

Ta

Mx'

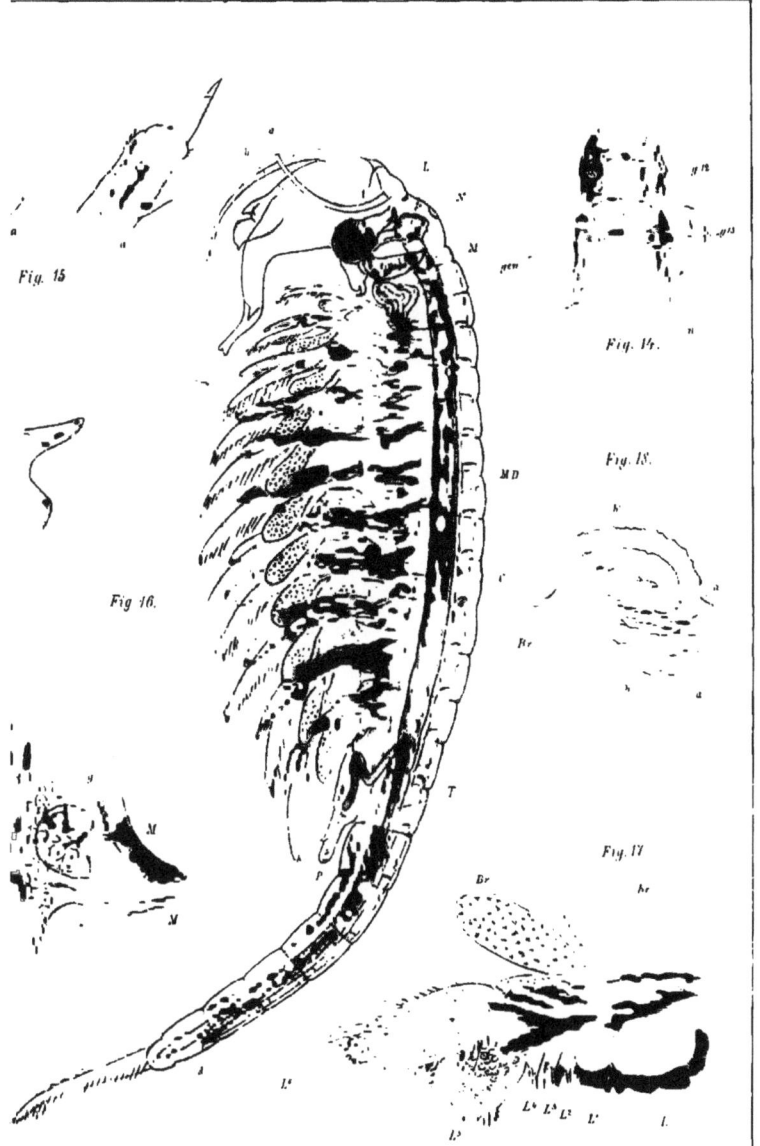

Fig. 15

Fig 16.

Fig. 14.

Fig. 18.

Fig. 17

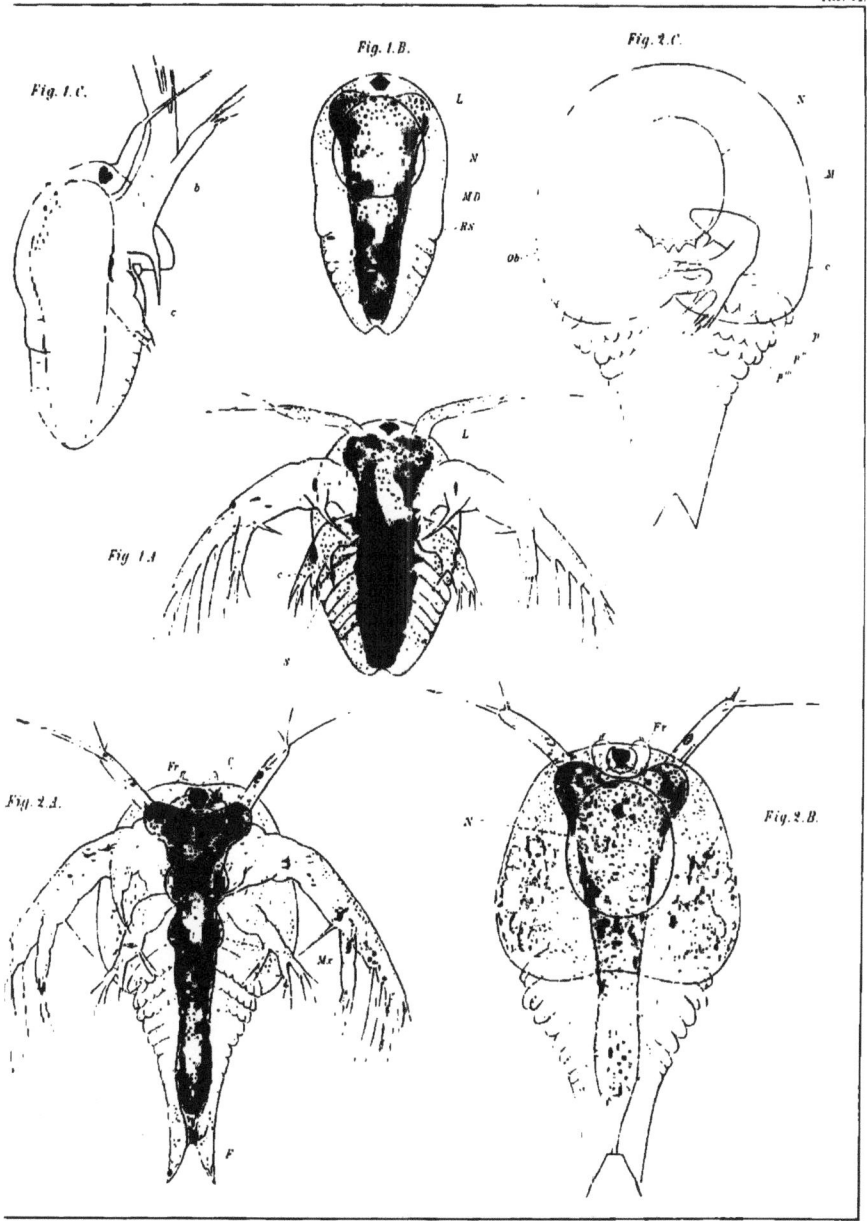

Fig. 1. C.

Fig. 1. B.

Fig. 2. C.

Fig. 1. A.

Fig. 2. A.

Fig. 2. B.

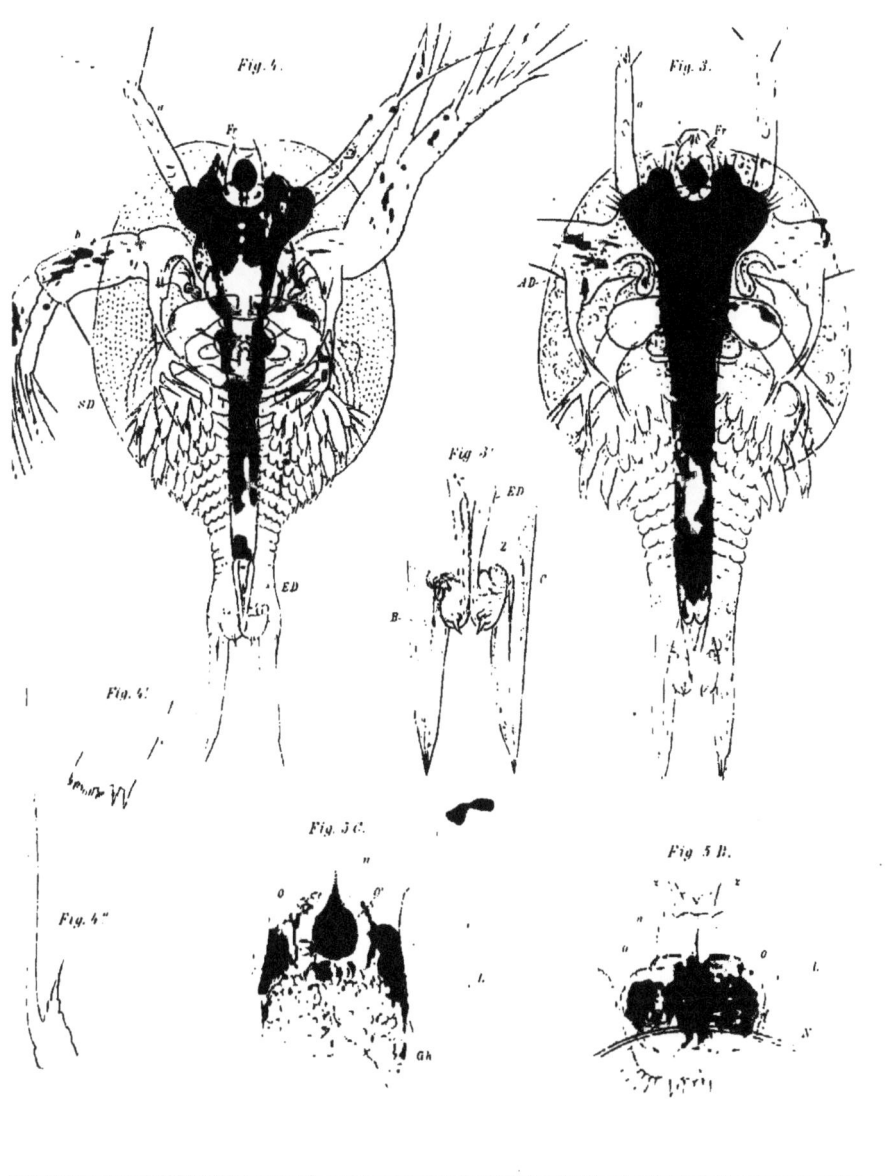

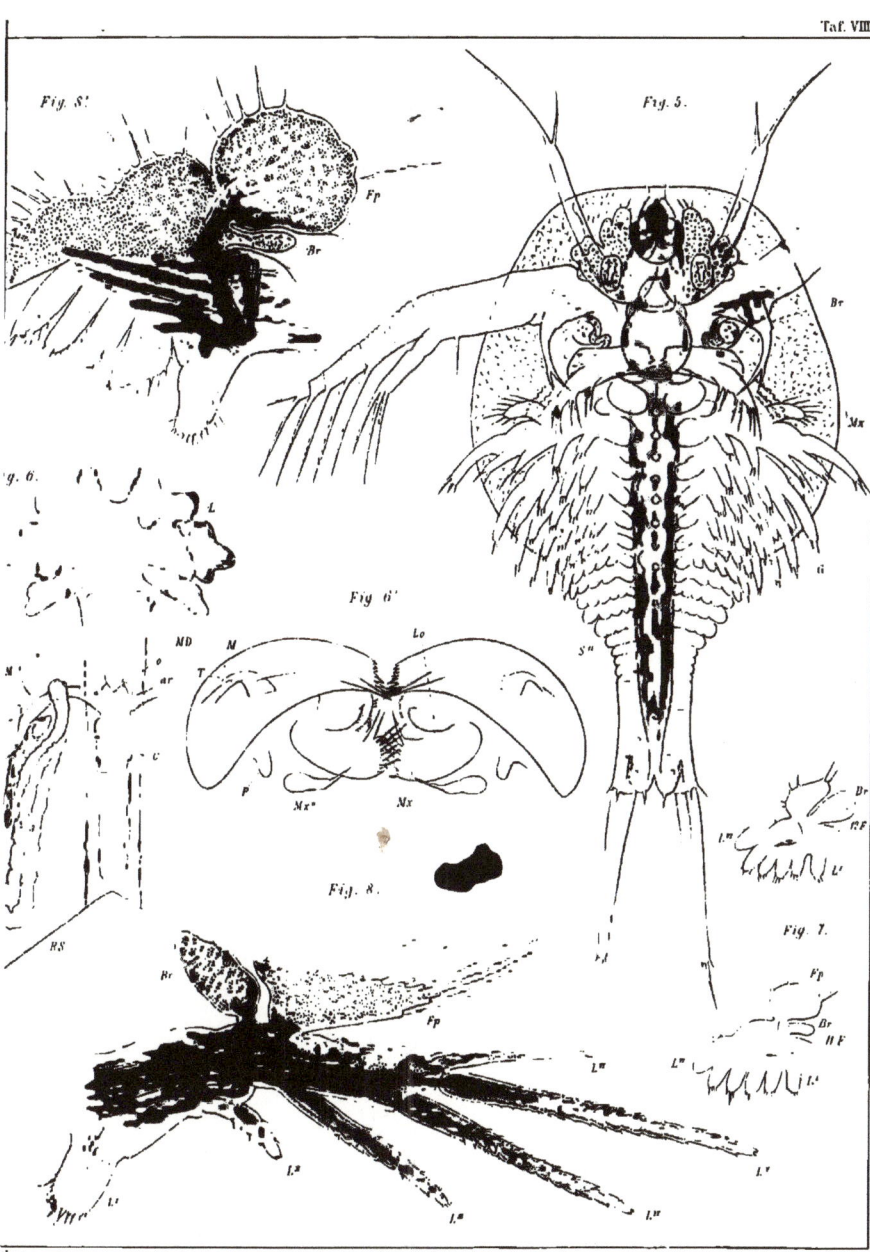